JN074172

ストーリー&ケーススタディ

監査法人との付き合い方がわかる本

㈱レオパレス21　財務経理部
公認会計士
日野原克巳 著

中央経済社

まえがき

経理部署の底上げ，特に若手の経理パーソンの育成に頭を悩ませている諸兄も多いかと思います。筆者の勤務する会社も例外ではなく，後進の育成が経理部署の最大の課題です。

先日，経理部署の若手に対して，何気なく「決算関係で何か知りたいことはないですか」と尋ねてみました。

すると，「いやー，監査法人との付き合い方とかがよくわからないですね」との返事が返ってきました。若手の多くが，監査や監査法人についてほとんど予備知識もなく付き合っているのです。

「これでは監査法人と渡り合えないじゃないか。何とかレベルアップを図れないものだろうか」というような思いに至り，筆を執りました。

一般論ですが，会計・監査に関する知識や経験について，会社の経理部署と監査法人との間には圧倒的な格差があるのではないでしょうか。もちろん，それらについての高い見識を有し，監査法人と互角に渡り合っている方もいらっしゃいます。

それでも，やはり，監査法人主導で会計処理や開示が進められているケースが大半かと思います。

監査法人が神様のように常に公正不偏の態度を保持していれば，それでも構わないかもしれません。

しかしながら，監査法人も「人の子」です。監督官庁や世間に忖度して，過度に保守的な会計処理や開示を会社に迫ったり，あるいは，高額な監査報酬を請求するような可能性も否定できないのです。

そうであれば，監査や監査法人について一通りの知識を得ることにより，できるだけ彼らとの対等な関係づくりを目指すことが求められます。「敵を知り己を知れば百戦殆（あや）うからず」です。

本書においては，まず，監査法人についてのイメージを持っていただくために，ストーリー仕立てのフィクションを作ってみました。

次いで，監査人，監査制度，監査法人，監査手続，および監査報酬などといった項目ごとにケーススタディを設け，これに解説を加えるとともに，末尾に「POINT!」として，会社の立場から有益と考えられる事項を記載しました。章をまたいで同じような内容の項目もありますが，それだけ重要な事項であるとご理解ください。

最後に，「監査法人の通信簿」と題したチェックリストを作成し，本書のうち，監査法人の評価に関連する部分について，通信簿として数値化を試みました。関連する項目には通信簿の番号を付し，解説と通信簿とを関連づけています。監査法人に対して客観的な評価を実施することにより，監査法人に対する理解が深まるとともに，監査法人としても襟を正して会社との真剣な付き合いを考えざるを得なくなるという，いい意味での緊張感が生まれることが期待されます。

なお，フィクションを除き，原則として「監査人」という語句を使用していますが，監査法人の経営や組織に言及する場合，監査人ではなく「監査法人」という語句を使用しています。

また，監査法人を「大手」監査法人と大手以外の「中小」監査法人とに大別しています。

本書においては，多くの箇所で大手監査法人とお付き合いするほうが望ましいといった記載を行っています。しかしながら，監査の厳格化に伴い，大手監査法人のリソースはますます限られており，すべての会社が大手監査法人とお付き合いできるわけではありません。

そこで，準大手監査法人を含む中堅監査法人も選択肢の１つになるかと思います。自社の事業規模，事業の多角化やグローバル化の程度などを考慮し，大手監査法人でなくとも良質な監査サービスを受けることができる可能性も十分にあります。近時散見される大手監査法人から中小監査法人への監査人の異動を背景に，関係当局も中堅監査法人の底上げを図っているところです。

会計処理や開示，報酬に至るまで一方的に監査法人から押し付けられるのではなく，対等に付き合うことこそが，会社を守り，育てることになります。

本書はこうした監査法人との日常的なお付き合いに加えて，これから監査法人を選ぶ場合や，監査契約を更新する場合，監査人の交代を予定している場合などにも役立つかと思います。

ぜひご一読いただき，監査法人とのよりよいお付き合いを目指していただけたらと思います。

なお，本書のうち意見にわたる部分はあくまで筆者の個人的見解であり，筆者の所属するいかなる組織の見解ではない旨，申し添えさせていただきます。

末筆ながら，出版に際しては，株式会社中央経済社の坂部秀治氏から原稿の作成指導をはじめ，数多のお力添えをいただきました。ここに深く御礼申し上げます。

2023年４月

日野原　克巳

CONTENTS

第３章　監査法人が提供するサービス

第４章　監査を受ける心構え

第5章 別　離

ケーススタディ編

（☞は，監査法人に対する評価項目を示す（第8章参照））

第1章 監査の概要

第2章 監査人

ケーススタディ

第４章 監査法人

第７章　その他の事項

第8章 監査法人の通信簿

ストーリー編

組織・人物紹介

○株式会社獅子御殿

不動産賃貸業を営む３月決算のオーナー系のベンチャー企業である。数年前に上場を果たしたが，最近，不祥事が発覚し，世間で話題になっている。当期においても内部通報により新たな不祥事が発覚した。

〈経理部〉

浅見雅也…部長：口は悪いが，面倒見のよい兄貴分。

大竹正弥…主計課係長：入社８年目で３年前に賃貸事業部から異動。少々控えめな男性社員。

佐藤百合…主計課主任：入社４年目でいつも元気な女性社員。

〈監査役室〉

神谷依隆…監査役：内部監査室長を経て監査役に就任。筆頭常勤監査役。

○月光監査法人

大手監査法人の一角を占め，株式会社獅子御殿とは上場準備からのお付き合いである。

東山大地…パートナー：監査法人きっての理論派で通る新任パートナー。

白木啓介…マネージャー：真面目で教え上手な公認会計士。

※この物語はフィクションです。登場する人物・団体などは架空であり，実在のものとは関係ありません。

第1章 監査人は真面目？

2022年７月下旬
株式会社獅子御殿　本社５階経理部
浅見部長 vs. 大竹係長

自社で起きた不祥事が原因で近年になく荒れた2022年３月期の株主総会も何とか乗り切り，社内には安堵の雰囲気が漂っていた。

経理部は2023年第１四半期決算の終盤を迎えている。月光監査法人の担当者が詰めている，本社別館２階に常設された監査人専用の通称「監査部屋」との行き来も増えてきていた。

監査人に頼り過ぎない

「浅見部長」

監査部屋から経理部に戻ってきた係長の大竹は浅見に声を掛けた。心なしか元気のない様子だ。

「なんだ」

「どうも最近，監査法人とのコミュニケーションが億劫になってきてしまって…」

「どうした，監査法人とうまくいってないのか？」

大竹は決して話し上手ではない。監査法人とのコミュニケーションが取れなければ，決算業務に支障が出てしまう。

「そういうわけじゃないんです。ただ，なんとなく」

「なんとなくじゃ，わからないな。もう少し具体的に説明してみろ」

「はぁ，監査法人のレベルが高すぎて，話が噛み合わないというか」

「大竹，簿記の資格は持ってたか？」

「持ってます。２級ですけど」

ということは，基礎力に問題はないはずだ。となると，あとは実務経験か。

「そういえば，この間の減損の件，監査法人に相談したのか？」

「えっとー，はい，先週相談しました」

「この第１四半期決算はいいとしても，これから先は結構，厄介な話になりそうだな。基準には当たったのか？」

「基準？」

「基準だよ，会計基準。固定資産の減損に係る会計基準だよ。読んだのか？」

「いえ，特に」

マジか。浅見は思った。

「基準も読まずに監査法人と話したのか？」

「でも，監査法人から基準の内容は教わりましたし」

「俺が言ってるのは自分で調べたかどうかだよ」

「自分で調べなきゃダメですか？」

大竹は少しふてくされ気味だ。

「当たり前だろ」

大竹は経理パーソンとしての心構えができていないのか？　呆れたように浅見が応じた。

「大竹，今までも会計上の検討課題を監査法人に聞いて済ませてきたのか？」

「そうですが…」

「さっき大竹が言った，監査法人とうまくいっていない理由が少しわかってきた気がするよ」

大竹は首をかしげる。

「いいか，会計上の検討課題が出たら，まず，基準に当たれ。それが鉄則だ」

新入社員に対しては，会計上の検討課題を検討するに際しての心構えを口酸っぱく伝えてきたつもりの浅見ではあったが，３年前に経理部に異動してきた大竹には特に説明しなかったかもしれないと反省した。

「基準ですか？」

「そうだ。基準に当たって，間違えてもいいから，自分なりの結論を出すんだ」

検討課題の答えそのものは，基準に載っていないことも多い。しかし，ヒントのようなものは必ず記載されている。

「監査法人とやり合うのに，近道なんてないんだよ。１つひとつ地道に解決して，知識を積み上げる。それがスキルアップの王道なんだ」

大竹はうなずいた。

「部長も，ずっとそうやってきたんですね」

「…いや，恥ずかしながら，俺も大竹くらいの時に，同じように部長に怒られたよ。ハッとしたっけな」

わが身を振り返って，浅見の口調は少しトーンダウンした。

「だから，俺も偉そうには言えないかもな。歴史は繰り返す，だな」

やり手の部長でもいろいろあったんだなと思い，大竹は少しほっとした。

「いいな，今日から監査法人に頼らず，自分で調べるんだぞ」

「はい，わかりました」

地味な作業だが，自ら調べる癖を付けなければならない。それが血となり肉となる。決して監査法人べったりではダメだ。これは浅見の揺るぎない信念のようなものだ。

経理パーソンの必須科目

「できれば，会計学も勉強しておくといいかもな」

「会計学？」

「そうだ。**財務諸表論ともいうな。会計は計算だけじゃなくて，理論も大切だ**」

「何かいい本でもありますか？」

「そうだな，簿記１級を目指すのもいいかもな」

簿記１級は計算力のアップにつながるし，試験科目に会計学があるから，うってつけの資格である。

「１級ですか。なんか大変そうですね」

控えめな大竹らしい言い回しではあるが，ここはハッパを掛けなければならない。

「こら。簿記の資格は才能じゃないんだよ。勉強したやつが受かるんだ」

「そんなもんですかね」

「そんなもんだよ。簿記の資格もそうだけど，大体，**経理の仕事は質より量みたいなところがある。会計の課題を多く経験すればするほど，力がつくってもんだ**」

簿記の資格取得は学習目標を立てやすく，経理のスキルアップに適している。これに実務経験を重ねれば鬼に金棒だ。大竹はまだ若い。まだまだ伸びしろがあるはずだ。

浅見が経験談を語ったことで，大竹もなんとなく自分の悩みが解決していくような気がした。

制度は丸呑みしない（その１）

「自分で考えるっていえば，大竹，四半期決算とか四半期レビューとか，どう思う？」

浅見は話題を変えた。

「どう思うって？」

大竹は質問の意図がわからなかった。

「会社とか監査法人の負担が重いんじゃないかってことさ。昔はよかったよ」

「昔って，いつのことですか？」

「もう10年以上も前だな。中間決算というのがあってな。年度の真ん中，ウチでいえば９月に決算するわけだ。制度自体は今もあるけど，特殊な例だけだ。それから，監査法人がやるのもレビューじゃなくて監査だった。中間監査っていってな」

「へぇ。で，何がよかったんですか？」

「当時は四半期決算なんてなくて，中間と年度の２回，決算してればよかったわけだ。それに比べて今みたいに年４回も決算してたら，年がら年中，決算してるって感じだろ？」

年度末に短信を発表し，株主総会が終わって有価証券報告書を提出したら，すぐに第１四半期決算が始まる。四半期決算の発表が終われば，あっという間にお盆だ。

「ずいぶんと慌ただしいもんだ」

昔を知らないから比べることはできないとはいえ，確かに落ち着かないとは大竹も思う。

「監査法人も同じですかね？」

「同じだよ。年がら年中，会社に来てる」

確かに監査部屋が１か月近く空き部屋になることはない。

「昔は株主総会が終われば，期末決算の反省会をしたり，研修会とかしてたもんだ」

浅見は１つひとつ噛みしめるように昔を振り返っていた。

「それが今じゃ，何ていうか，一息つく間もなく，考える経理ができなくなったというか…」

「でもルールだから，四半期決算とか監査法人のレビューとかはやめられないじゃないですか」

「そういうことじゃないんだよ。まず，どうあるべきかを考えることが大切なんだ」

会計基準や関係法令を鵜呑みにしてはいけない。いいものはいいし，ダメなものはダメ。いずれにしろ自分で考えることが大切だと浅見は思うのだ。

「あるべきというと？」

「四半期決算とか四半期レビューをこのまま続けていいかってことさ」

「部長の考えは反対ってことですよね？」

「そうだな。監査報酬は減ってしまうけど，監査法人も忙しすぎるみたいだから，四半期レビューの廃止には反対しないんじゃないかな」

「じゃ，廃止することもできるってことですか？」

「それはどうかな。まず，投資家が反対するだろ」

会社と監査法人だけの都合では決められないのだ。会社を取り巻く多数の利害関係者がいる。

「そうですね。公表する情報量が明らかに減ってしまいますからね」

「でも，投資家は何のコストも負担してないんだ」

意外なことを浅見は口にした。

「え，だって，期末決算の監査報酬だって負担してないじゃないですか？」

「そもそも，それも問題かもしれないな」

「というと？」

「いつか大竹にきちんと話す時が来ると思うけど，ポイントだけ話すと，監査法人の監査とかレビューで一番メリットを受けるのは誰かってことさ」

「投資家ですか？」

「そうだ。監査やレビューで決算の信頼性が高まって，一番メリットを受けるのは投資家じゃないかな。もちろん，会社にもまったくメリットがないとは言わないけど」

「そうか，投資家はコストも負担せずにサービスを受けているようなものだから，会社や監査法人の立場からも四半期決算やレビューのあり方を考えるべき，ということですね」

大竹もようやく合点がいった。あまり世間では議論されてはいない主張かもしれないが，浅見の言うことは一応筋が通っているようだ。

「会計基準も同じだが，制度そのものも丸呑みするんじゃなくて，自分で考えることが，とても大切なことだと思う」

浅見は諭すように大竹に話しかけた。

なるほど，考える経理か。監査法人からの受け売りだけでは，とてもではないが思いつく話ではない。自分で調べて考える癖が必要だということか。大竹は身が引き締まる思いがした。

制度は丸呑みしない（その２）

「ついでに言っとくが，内部統制も同じことだ」

浅見の物言いに，大竹は思考をめぐらした。四半期決算と内部統制の共通点とは何だろう？　さっきは四半期決算はいらないという話をしていた。

「内部統制も，いるのかいらないのかを考えるべきということですか？」

「そう。なかなか勘がいいじゃないか」

浅見には滅多に褒められないだけに，大竹は単純に嬉しかった。

「つまり，財務報告に係る内部統制の手続とか内部統制監査が，本当に必要かどうかについても考えるべきじゃないかってことさ」

「部長は不要だと？」

「んー，まったく不要とは言わないけど，ほとんど不要かな」

「内部統制監査もですか？」

「そうだ」

内部統制は義務化されており，どこの会社でも結構なマンパワーを割いているはずだ。浅見はずいぶん過激な考えを持っているのかもしれない。

「何でいらないと考えるんですか？」

「ありていに言えば，こんなもので粉飾決算がなくなるわけじゃないってことかな」

「こんなもの？」

かなり上から目線のようで，大竹には浅見の言っていることがよく呑み込めなかった。

「そうさ。考えてもみなよ。財務報告に係る内部統制や内部統制監査が制度化されて何年も経つけど，ベンチャー企業から誰でも知ってる大企業まで，粉飾決算が頻出してるじゃないか」

この制度ができても何一つ変わらなかったということか。

「そもそも，財務報告に係る内部統制は米国が発祥なんだけど，本家本元の米国ですら，大規模企業にしか適用されないんだ」

「でも，ちょっと過激な意見じゃないですか？」

大竹は率直に疑問を投げかけた。それでも浅見は真顔である。何か信念のようなものが感じられた。

「だから，全部が全部いらないと言ってるわけじゃない。例えば，業務プロセスに係る内部統制は外せないし」

「具体的には？」

「販売手続に係る内部統制があるだろ。販売手続のフローは知ってるよな？」

「出荷とか請求とかですか？」

顧客から受注して，商品を出荷して，売上を計上した後に，代金を請求して回収する一連の流れのことだ。

「それぞれの業務がきちんとつながって，上長に承認されて，きちんと書類が保管されるという内部統制なんかは，決算上欠かせない手続になる。わかるな？」

「流れはわかりますけど，どうして必須なんですか？」

「そりゃそうだろう。販売手続に係る内部統制だよ。販売手続のフローはどれ１つ欠けても売上の適切な計上が確保されないことになる」

購買管理や在庫管理も，同じ理由で必須の内部統制といえるだろう。

「あともう１つ，必須の内部統制がある」

「何ですか？」

「大竹だよ」

僕が内部統制？　部長はからかっているのだろうか。

「考えてもみろ。大竹や俺がいなかったら決算業務はどうなる？」

「僕はともかく，部長がいなくなったら，確実に決算手続に支障が出ますね」

「お，俺を褒めてくれたか。悪い気はしないもんだな」

でも事実は事実だ。部長は欠かせない。

「冗談はさておき，経理要員は必須だし，しかも，頭数が揃っているだけでもダメだ。それなりの経理スキルのある経理要員の確保が求められる」

ほかにも，職務分掌や職務権限といった内部統制も重要ではあるが，これらは何も財務報告に係る内部統制に限った話ではなく，そもそも経営管理上欠かせない内部統制である。

「結局，業務プロセスに係る内部統制とかが必須の手続ということですね？」

「まあ，そういうことだ」

「逆に，要らない手続って何があるんですか」

「いくらでもあるさ」

浅見は即答した。

「まず，見える化とかいって，社内のいろいろな手続をA３サイズの用紙で事細かく業務フローを作成しているだろ」

何が問題なんだろう。大竹は浅見の意図がつかめなかった。

「業務フローなんてのはな，A４用紙数枚に要点をまとめれば十分なんだ。ところがだ。A３用紙を何枚も使って，フローチャートや手続を事細かに記載している」

浅見はまくし立てた。

「人間の頭なんてな，そんなに賢くはできてはいないんだ。A３サイズなんか頭の中でイメージできるわけがない。せいぜいA４サイズだろう」

確かに会社の資料はA３用紙が多い。重要な会議の資料もA３用紙にびっしりと書き込まれている。読むだけでも大変かもしれない。

「重要な手続に限定して，A４用紙にまとめる。それも数枚で十分だ」

確かに，それくらいならイメージしやすいかもしれないと大竹は納得した。

「あと，ハンコもあるな」

浅見は立て続けに話す。

「ハンコがどうしたんですか」

「伝票とか稟議書の押印欄だよ。とにかく押印の数が多すぎて，承認者が本当に検討しているかどうか怪しいもんだ」

なるほど，大した取引でもない伝票でもハンコがたくさん押されている。単なる数合わせで，無理やり承認者を置いているのかもしれない。

「書類やハンコの多さは制度設計の問題というより，運用の問題かもしれない。だけど，そもそも会社の業務フローを法律で縛ろうとすること自体，無理があると思う。会社が手続を増やした分だけ，内部監査や監査法人の担当者もチェックせざるを得なくなる。大竹，わかるか？」

「……」

どうも浅見の主張が壮大すぎて，うまく整理できない。大竹は浅見の主張を繰り返すことしかできなかった。

「とにかく，あまり意味のない業務に膨大な紙や時間が割かれているということですね」

「いつになるかはわからないが，いずれ大竹なりの考えもまとまってくると思う。大竹の見解を聞けるのを楽しみにしてるよ」

浅見は言い含めるように大竹に伝えた。浅見の主張が正しいかどうかはわからない。ただ，浅見は制度を鵜呑みにせず，自分なりの見解を持つことの大切さを教えてくれている。

部長のように自分なりの見解を持つなどということは当面，無理かもしれないが，経理のスキルを地道に積み重ねていけば，いつかはできるようになるかもしれない。大竹は身を引き締め，覚悟を決めた。

監査人は真面目？

「自分なりの考えがあれば，それを同僚にぶつけたり，俺に聞いても構わない。場合によっては監査法人の意見を聞いてみるのもいいかもしれない」

「部長はさっき，監査法人に聞いてはいけないとおっしゃいましたけど，考えたうえでのことなら聞いても構わないということですね？」

「そういうことだ。大いに聞いていいんだ」

あくまで，まずは自らの見解を持つことが前提となる。

「それにな，監査人はそういう議論には喜んで乗ってくれるもんだ。どうしてか，わかるか？」

確かに，今まで監査法人にしつこく質問しても，いやな顔一つされたことはなかった。

「彼らは基本，真面目な人種なんだよ。公認会計士試験は難関だってことくらい知ってるだろ？」

「はい。半端じゃないでしょうね」

「受験勉強には相当の時間を費やさなければ，合格するのは難しいだろう。長時間，机にかじりつくってことは，なかなかできることじゃない」

若い頃から勉強の習慣が染みついているということだろうか。

切磋琢磨

「努力ができる分，真面目ってことですね？」

「そういうこと。あと，そもそも，クライアントとの協議によって会社のスキルアップも期待できる。これは，監査法人にもメリットだな」

「僕らがスキルアップすることがですか？」

「そうだ。会社の経理メンバーが監査法人と議論すれば，それだけ経理メンバーの会計スキルもアップして，決算の精度が上がることになる。監査法人にとっても質問は大歓迎さ」

「じゃあ，遠慮なく質問していいってことですね？」

「そうだ。しつこいようだけど，自分で調べて，考えることが大前提だけどな」

浅見は釘を刺すことは忘れなかった。

「監査法人だって，クライアントから質問されることで自らのスキルを高めているはずだ。特に，君ら若手は監査法人の若手と話す機会が多いだろうから，お互い切磋琢磨して，ともにスキルアップを目指すといいんだよ」

監査法人と対立する関係ではなく，お互いを高め合うことで，上下の関係でもない，対等でWin-Winの関係づくりを目指さなければならない。

「大竹は将来の部長候補。監査法人の若手は将来のパートナー候補ってことだな」

「部長，からかわないでくださいよ」

「マジマジ。期待してるぞ」

大竹はまんざらでもなかった。

監査人の得手・不得手

「監査法人のことで，もう１つ付け加えるとすると，彼らにも得手不得手があるということも覚えておくといい」

監査人にも苦手分野があるらしい。

「監査法人の職域というのは結構広くてな。会計はもちろん，内部統制，税務，金融，不正対応，サステナビリティ…」

「そんなに広いんですか？」

「会計そのものじゃないんだけど，その周辺領域ということかな」

周辺領域といっても，相当な広がりがある。

「僕らが何か気をつけることでもあるんですか？」

「監査人を使い分けることさ。金融のことが知りたければ，金融に詳しい監査人にアドバイスをもらうのが一番だからな」

医者でも内科，外科のように専門分野があるのと同じことらしい。

「月光監査法人の東山先生はどうなんですか？」

「どう思う？」

「えー，結構何でも知っていて，オールマイティのような気もしますけど」

大竹は東山先生の苦手分野など思いつかなかった。

「まぁな，彼の仕事はピカイチだと思う。ただ…」

「ただ？」

「あえて苦手分野を挙げるとすれば，営業かな」

営業？　監査法人にも営業が必要なのだろうか。

「監査法人も商売なんだ。慈善事業じゃない」

監査もビジネス？　監査法人もうちの会社と同じということか。

「ビジネスである以上，事業会社と同様，売上や利益を求めなければならない。例えば，既存顧客に新たなサービスを提供したり，新規顧客を獲得しなければならない。パートナーはその責任者だ」

「東山さんには欠けていると？」

スーパーマンだと思っていた東山先生にも弱点があったらしい。大竹には意外だった。

「平たく言えば，商売っ気がないってことかな。まぁそれが，彼の魅力でもあるんだけど」

確かに，商売っ気がないからといって，東山先生の価値が下がるわけでもなく，それに人柄もいい。

「営業センスの有無が必ずしも監査人の実力を測る尺度じゃないということですね？」

「そうそう，誰にでも得意，不得意がある。要は監査人を使い分けることだ」

「よくわかりました」

まずは自ら考えて，それを監査人にぶつける。きっと部長と東山先生とはそういう関係を築いてきたのだろう。２人がまぶしく感じられた。

「ずいぶんと話し込んでしまったな。お，こんな時間だ。昼飯でもいくか」

「はい！」

大竹も少しは元気になってきたなと，浅見は思った。当の本人は，悩みなどとっくに吹き飛んでしまったことにまったく気づいていなかった。

第2章　監査の手の内

2022年８月上旬
株式会社獅子御殿　本社別館２階監査部屋
佐藤主任 vs. 白木マネージャー

月光監査法人の監査チームは，パートナーの東山，マネージャーの白木を含めて４名で構成されている。
その白木に，佐藤が第１四半期決算関係の説明をするため，監査部屋に赴いていた。

戦力不足？

佐藤には以前から疑問に思っていることがあった。

うちの会社もベンチャー企業とはいえ，売上伝票だけでもかなりのボリュームだし，経費伝票も山ほどあって，子会社もある。なのに，よくこんな少ない人数で監査ができるわね…。

決算が山を越えた安堵もある。もしかしたら機密情報で教えてくれないかもしれないけれど，ちょっと白木先生に聞いてみようかな。と思いついた途端に白木に話しかけていた。

「あのぉ，白木先生。少しよろしいでしょうか？」

「どうしたんですか，あらたまって。佐藤さんらしくもない」

白木が目を丸くして答えた。

え？　なんか，とげのある言い方ねと佐藤は思ったが，教えてもらう身である。話を続けた。

「うちの会社は規模は小さいですけど，伝票とか請求書とか，それなりにボリュームがあるじゃないですか。先生方は４人しかいないけど，監査の締切とかに間に合うんですか？」

「間に合うか，と言いますと？」

白木は質問の意図がよくわからなかった。

「いえ，会計帳簿とか請求書とか全部ひっくり返してたら，いつまで経っても監査が終わらないんじゃないかと思って。何か特別な方法でもあるんですか？」

「なるほど。戦力不足じゃないのかという質問ですね？」

「そうです。前からずーっと気になっていたものですから」

白木はようやく質問の意図を把握し，少し考えた。

まさしく監査論である。手の内をばらすようだが，相手に悪意はなさそうだし，正直に話しても佐藤さん相手なら，まぁ問題ないかもしれない。

リスクアプローチ

少し間を置いて白木が話し始めた。

「すべての勘定科目に対して，均等に監査を行っているわけじゃない，ということが，まずいえるでしょうね」

「というと？」

「勘定科目には，間違いが起こりやすい科目と起こりにくい科目があるということです。間違いというのを正確にいえば，不正と誤謬です」

「不正と誤謬？」

「不正というのは意図的な誤りのことで，誤謬というのは意図的ではない誤りのことをいいます」

「不正や誤謬に注目するということですか？」

「そうです。**監査人が不正や誤謬を見逃してしまうリスクを監査リスクといいますが，監査リスクの高い項目に対して集中的に監査を実施します**」

わかったような気もするが，今まで聞いたこともないような専門用語を並べられて，やっぱりよくわからない。

「もう少し具体的に説明してもらえませんか？」

「そうですね。例えば，勘定科目そのものの監査リスクが高いという場合があります。売上などがその典型ですね」

確かに，粉飾決算が発覚して，実は売上が操作されていたなどという話は跡を絶たない。

「売上というのは，粉飾決算が最も行われやすい科目の１つです」

「そこを重点的に調べるということですか？」

「そのとおりです。監査リスクの高い項目に対して監査人員や監査時間を集中的に投入するのです」

ありていにいえば，ヤマを張るということか。監査は意外にアナログなのかもしれないな，と佐藤は思った。

会計上の見積り

「ほかに監査リスクの高い項目とかあるんですか？」

「そうですね。やはり会計上の見積項目でしょうか」

「見積項目？」

「そうです。会社が将来を予測して見積りを行う項目です。具体的には，繰延税金資産，固定資産の減損，引当金などが典型例でしょう。いずれも，会社の事業計画が前提となる場合が多い科目です」

「ということは，事業計画にリスクがあるということですか？」

会社がつくった計画そのものも監査の対象となると聞いて，佐藤は驚いた。

「おっしゃるとおりです。事業計画を前提として会計上の見積項目が算定されるのですから，その事業計画に合理性が認められなければ，勘定科目の適正性が損なわれてしまいます」

そういえば白木は会社の繰延税金資産について多くの時間を割いていたわね。佐藤は納得した。

内部統制への依拠

「それから，勘定科目そのものの監査リスクだけではなく，内部統制上，考慮しておかなければならない監査リスクもあるんです」

「どういうことですか？」

「仮に，売上計上の基礎となる販売手続に係る内部統制が脆弱な場合，売上は監査リスクの高い項目として取り扱われます。反対に，内部統制がしっかりしていれば，それだけ監査リスクが低くなります」

監査リスクは，会社の内部統制の善し悪しによって変わるということのようだ。

「ふーん…。結局，監査リスクを考慮して監査の効率化を図っているんですね」

重要性

「それから，重要性という観点があります」

また新しい言葉が出てきた。

「結論からいえば，**重要性の高い項目に対して，重点的に監査を実施します**」

「えっと，重要性が高いとか低いとか，何か基準でもあるんですか？」

佐藤は白木の説明に食らいついていく。

「まず，金額的重要性があります」

「100万円とか１億円とかの金額単位の重要性ですか？」

「いえ，利益に対する割合を見るんです」

そう言って白木は，簡単な例を挙げた。

「例えば，利益が１億円の会社の株を佐藤さんが購入しようとしますよね。もし会社の決算が誤っていて，１億円の利益が計上されているけど，本当は8,000万円の利益しかなくて，2,000万円利益が過大に計上されていたら，それでも株を購入しますか？」

「…やめたかもしれないですね」

「そこなんです。2,000万円という絶対額ではなく，2,000万円に対する１億円の割合，つまり20%の利益の減少が株の購入という意思決定を左右するかどうかについて検討するわけです」

金額的重要性によって，監査の重点項目を選択するということらしい。

「もう１つ，質的重要性という基準もあります。こちらは，勘定科目の性質によって重要性を判断することになります」

「例えば，売上は質的重要性が高いということですか？」

「さすが佐藤さん。今日は深掘りしませんが，そのイメージで結構です」

「わかりました。ありがとうございます。監査リスクと重要性が効率化のキーワードなんですね」

「木を見て森を見ず」という諺があるが，全体感をもって把握するという話かもしれない。

貸借対照表監査

「最後にもう１つ」

白木が真面目ぶりを発揮する。

「何でしょうか？」

「監査の対象項目には貸借対照表と損益計算書とがありますが，主として貸借対照表項目に監査の重点が置かれるのです」

ネタをばらし過ぎかもしれないという思いも一瞬よぎったが，乗り掛かった舟である。白木は続けた。

「例えば，売上の適正性を確かめようとしますよね。でも，すべての売上伝票を調べていたら，途方もない作業量になってしまう」

まさしく，佐藤が以前から抱いていた疑問点である。佐藤は身を乗り出した。

「いくら時間があっても足りないでしょうね」

「そこで，売上債権に着目するのです」

「売上債権？」

「そうです。受取手形や売掛金のことです。その売上債権の増加要因は売上そのものですので，売上債権の期首残高と期末残高を押さえることで，間接的に売上の適正性を確かめるんです」

佐藤の瞳がきらっと輝いた。

「なるほど！　貸借対照表項目のほうが損益計算書項目より手っ取り早く確かめることができるわけですね」

「さすが，鋭い。フローよりストックを押さえるほうが効率的なんです」

「やみくもに監査をしてるんじゃないんですね」

うまく考えたものだわ。佐藤は納得しきりのようだった。

確認

「そうすると…」

佐藤は次に浮かんだ疑問を白木にぶつけた。

「売上債権の残高は貸借対照表に載ってるわけですけど，監査では，それが正しいかどうかを調べるんですよね？　どうやって調べるんですか？」

白木は佐藤の頭の回転の早さに，なぜか嬉しくなってきた。

「いい質問ですね。監査人自ら，会社の得意先宛てに，その得意先に対する期末時点の債権金額を記載した書面を送付して，得意先の把握している金額と一致しているかどうかを確かめます。これを『確認』手続といいます」

「結構，手間が掛かるんじゃないですか？」

「そうですね，確かに，得意先からの返事が遅いと催促しなければならないですし，そもそも返事が来ない場合もあります。こちらの売り上げた日と先方の仕入れた日とがずれているために金額が一致しない場合も多いですね」

「何でそこまで手間暇かけて，確かめるんですか？」

「専門的な用語を使わせてもらえば，監査の証拠力が強いからです」

証拠力？　佐藤には聞いたこともない用語である。

「監査証拠というのは，あくまで監査人の心証なんですが，残高を確認する相手先は社外の第三者です。会社の内部資料よりずっと信頼性が高いといえます。これを，証拠力が強いというんです」

「社内資料だと，偽装される可能性もあるので証拠力が弱いということですか？」

身内のアリバイ証言は採用されないようなものであろうか。

「そういうことです。あくまで，比較の問題ですけどね」

実査，立会

「『実査』という監査手続も強力な証拠が得られます。実査とは，現金や有価証券の残高が正しいかどうか，現物に当たって確かめることです」

「期末の時に，監査法人の先生方が金庫の中とかを調べる手続ですね？」

「そうです。この手続も監査人自ら実施しますので，強力な監査証拠を得ることができます」

確かに強力ではありそうだ。

「もう１つ，棚卸の『立会』もあります」

「あ，知ってます。会社の棚卸の時に監査法人も同行する手続ですよね？」

「よくご存じですね」

「経理部でも時々棚卸に同行するんです。私も何度か同行しました」

「そうでしたね。立会の時，監査人は何をしてましたか？」

「えーっと，会社の担当者が数えた在庫数と現物の在庫数とを比べてました」

「そうです。監査人が直接すべての在庫を確かめると膨大な量になってしまうので，会社が数えた在庫の一部を確かめるんです」

「やっぱり，立会も強力な監査証拠になるんでしょうね」

「おっしゃるとおり，**確認，実査，立会の手続は，いずれも貸借対照表項目に対する重要な監査手続で，監査人はこの手法を多用しています**」

いずれの手続も，監査人が現場に直接踏み込んでいくようなイメージを佐藤は抱いた。警察のガサ入れみたいなものだろうか。少し怖い感じもする。

同時検証

「ついでにいえば，確認，実査，立会は証拠力が強いだけでなく，もう１つ大きな利点があります」

「何ですか？」

「例えば，棚卸の立会ですと，在庫数を押さえるほかに，棚卸に係る内部統制を同時に確かめることができます。計画的に棚卸が実施されているかとか，在庫数を確かめる人とは別にチェックする担当者がいるかとか，保管場所がきちんと整頓されているかとかですね。そういった棚卸に係る内部統制も同時に確認しているんです」

「内部統制も同時に…」

「内部統制がきちんとしていれば，決算数値の信頼性もそれだけ高まるからです」

そうか。だったら。

「そんなに使い勝手がいいんなら，うちの会社でも使えそうですよね？監査法人だけのものではないですよね？」

「さすが佐藤さん，そのとおりですよ」

我ながら機転が利いている。佐藤は心の中で自画自賛した。

「内部監査での利用が典型例でしょうね」

白木が続ける。

「在庫の横流しや現預金の横領など，確認，実査，立会を実施していれば防げたかもしれない不正も数多くあると思います。ただ，実際の事例に当たったことはあまり多くはないですが」

「そうなんですか？　何か理由でもあるのかしら？」

「おそらく，相手を犯人扱いしてしまうというような事情もあるからでしょうか。ある意味，最初から疑ってかかるようなものですからね。ですので，実際の運用にあたっては十分に配慮を加える必要があるかもしれませんね」

「監査法人は社外の人間だけど，同じ社内の担当者に対して警察の取調べみたいなことをすれば，反感を買ってしまうということですね」

それでも一考の余地はありそうである。佐藤は自社で利用できるかを真剣に考えてみようと思った。

監査法人は，白木に教わったようなさまざまな手法を凝らして，粉飾決算を発見しようと努力している。にもかかわらず，粉飾決算が絶えることはない。会社と監査法人のイタチごっこは続くのだろうか。

「あら大変。白木先生，ずいぶんとお邪魔してしまいました。今さらですが，ネタばらしみたいな話でしたけど問題ないんですか？」

「まぁ，この程度のことは監査の教科書にも書いてありますし。キホンのキですから」

「そう言ってくださると嬉しいです」

「監査法人の手法がわかれば，会社もその趣旨に沿った資料が提供できますしね」

「相変わらず，切り返しがお上手ですね」

「いえいえ，本心です」

「いろいろ丁寧に教えていただき，ありがとうございました」

「こちらこそ」

佐藤は退室した。

口車に乗せられて，少し言い過ぎたような気もする。手の内を見せすぎて監査がやりづらくなってしまうかもしれない。白木は少々自省せざるを得なかった。

第3章　監査法人が提供するサービス

2022年９月上旬
株式会社獅子御殿　本社５階経理部
浅見部長 vs. 大竹係長 vs. 佐藤主任

2022年第１四半期の決算発表を終え，みな思い思いに夏季休暇をとってきたようだ。第２四半期決算にはまだ少し時間があり，ちょっと一息ついたような雰囲気が経理部に漂っている。
浅見は，こういう時にこそ，若手が新たな会計基準や監査法人への理解を深める絶好の機会と考えている。

大手監査法人のサービスライン

ひとしきり部内を見回していた浅見が，ターゲットを捉えた。
「大竹」
「はい，何でしょう？」
大竹はひょいと浅見のデスクに近寄った。
「TCFDとか人的資本経営ってわかるか？」
TCFDとは，気候関連の情報開示を検討するための国際的なタスクフォースをいい（Task Force on Climate-related Financial Disclosures),

人的資本経営とは，人材を「資本」として捉えて企業価値向上につなげる経営をいう。

「聞いたことくらいは」

いつもと違う問い掛けに，大竹は少々面喰らいながら答えた。

「今，流行りのサステナビリティ情報ってやつだな」

「はぁ。サステナビリティがどうしたんですか？」

「記述情報はわかるか？」

記述情報とは，有価証券報告書のうち，財務情報以外の情報をいう。

「聞いたことくらいは」

「またそれか」

まったく。浅見が呆れた表情になった。

会計基準や関係法令は日々変わっていく。経理担当者は常にアンテナを高く張って情報収集に努めなければならない。俺はもう若くない。新しい制度こそ若手が貪欲に担っていかなければならない。大竹が学ばなくてどうするんだ。浅見は，たかぶる気持ちを抑えて続けた。

「まぁ，いい。今度，経営企画部とサステナビリティ情報の開示について打ち合わせることになったんだ。大竹，出席してくれないか？」

「はい，わかりました」

それでも素直なところは大竹の取柄だ。

「我々だけではちょっと厳しいかもしれないから，アドバイザリー会社に支援をお願いしようと思うんだ。どこかいいとこ，ないかな？」

「月光監査法人のグループ会社はどうでしょうか」

「そんな会社があるのか？」

「はい。以前，白木先生がグループ会社でサステナビリティ関連のアドバイスを行っていると話してました」

意外なところから答えが出てきた。

「それは耳寄りな情報だ。さすがは月光監査法人」

組織的監査

大竹は少し首をかしげた。

「部長，なんで『さすが』なんですか？」

「さすが大手監査法人，てことだよ」

「大きいことはいいことだ，みたいな？」

「違う違う。大手監査法人と契約するメリットって何か，大竹，わかるか？」

「話の流れからすると，グループ会社が充実しているってことですかね？」

「お，ご名答。それも大きなメリットだ。ほかには？」

「会計士の数が多いとか？」

「こら。だから大手っていうんだ」

「でも，同じ会計士なんだから，大手だろうが中小だろうが，監査の手法なんてあまり変わらないんじゃないですか？」

珍しく大竹が反論した。

「確かに，個々の構成員の質については，大手と中小とで，あまり代わり映えはしないかもしれないな。ただ，白木先生が言ってたけど，月光は自前の研修制度があるんだそうだ」

「外部研修に頼らずに，自分たちだけで研修ができているってことですね」

「そういった意味では，大手監査法人は人材の宝庫かもしれないな」

経理担当者は日々の自己研鑽が大切である。ましてや，会社の経理部署を指導する監査人にとって，研修は不可欠といえるだろう。

「それから，審査も組織的に行われているようだな」

「審査って，監査法人内で監査チームをチェックする制度ですよね。でも，組織的ってどういうことですか？」

「通常の審査では，監査チームに審査員が1名つくんだが，重要な案件になると，本部の審査組織が乗り込んでくるらしいんだ」

それだけ，監査水準の底上げが図られているということだろう。

「例えば，不祥事を起こした当社みたいな場合ですか？」

「残念ながら，そのとおりだな」

「大手監査法人は組織力を生かしている，ということですかね」

金融庁検査

「あとは，当局の検査だな」

「検査がどうかしたんですか？」

中小監査法人と異なり，大手監査法人には毎年，金融庁の検査が入る。

「かなり厳格な検査が行われるらしい。東山先生と話していると，よく検査の話が出てくるんだ」

「テレビドラマにあった銀行への金融庁検査みたいですね」

「あまり変わらんかもしれんな。大手監査法人でも結構厳しい評価が下されているようだ」

「へぇ。それにしても，何で知ってるんですか？」

「検査結果は監査法人から監査役会に報告されるんだ。文面だけみると，それなりに辛辣な表現のようだ」

「え，月光は金融庁に目をつけられてるんですか？」

「いや，そういうことでもないらしい。検査はかなりハードルが高いから。中小監査法人の場合は，もっと厳しい評価が出てるかもしれない」

「もっと厳しいというと，監査法人として不適格ということですよね？」

「そうだ。結果次第では厳しいご沙汰が下ることもある」

「もはや存続できなくなるとか？」

「まぁ，そんなところだ」

監査法人の監査水準は金融庁検査によって担保されているともいえそうだ。**その評価結果は監査法人の監査品質に対する目安になるかもしれない。**

「監査法人って結構大変なんですね…」

大竹は少しだけ同情した。

大手監査法人のメリット（その他）

「大手監査法人のメリットって，ほかに何があるんでしょうね」

「やっぱり，**海外の大手会計事務所との提携だろうな**」

「４大会計事務所でしたっけ？」

「そうだ。うちの会社が海外に子会社を設立したとしても，監査法人はわざわざ海外に出向く必要はないんだ。現地の会計事務所に監査を依頼すればいい」

「世界各国に事務所があるんですか？」

「そうだな，ほぼ全域をカバーしているといっても過言ではないだろう」

「まさしくグローバルですね」

海外の大手会計事務所との提携により，グローバルな情報が入手できることも，大手監査法人の強みだろう。

「そして，これが一番大切なことかもしれないが，信用力があることだな」

「確かに，大手監査法人だと何か安心かも」

「うちの会社がこの前，上場できたのも，大手監査法人と監査契約を結んでいたことによるところが大きいんだ。もちろん，上場準備に関するアドバイザリーの内容も，大手監査法人として適切だったと思う。ただ，**大手監査法人がついているということで，上場準備をサポートする証券会社や証券取引所の覚えがめでたくなったかもしれないんだ**」

大手監査法人の監査品質が優れているならば，証券会社や証券取引所が大手監査法人による関与を望むことは，当然の心情だろう。

大手監査法人のデメリット

「じゃ，大手監査法人同士では違いはあるんですか？」

「それぞれ特色を出そうとしているようだが，俺に言わせれば，せいぜい営業色が強いとか伝統があるとかの程度かな。監査の品質自体に大差はないと思う」

似たりよったりってことか，と大竹は理解した。

「だから，大手監査法人の中から選ぶときは，会社の海外進出先に提携事務所があるかとか，担当者を見て決めるとかくらいのことしかできないんじゃないかな」

大手監査法人なら，どこでも問題がないということか。

「大手監査法人は，何だかいいことばかりですね」

「ただ，美しいバラには棘（とげ）があると言ってな」

浅見が口をゆがめた。

「棘って何ですか？」

「報酬だよ，報酬」

やっぱり，いいことばかりじゃないってことか。

「有価証券報告書にも記載してあるとおり，それなりに高い。だから，コストに見合ったサービスかどうかを確かめないとな」

浅見は，よもや自分の会社が監査報酬で苦しい決断を迫られることになるとは，夢にも思わなかった。今の今では，まさしく他人事だった。

「だいぶ話がそれてしまったな。サステナビリティ情報の開示の件は佐藤主任と組んでくれ。佐藤はいるか？」

大竹が佐藤を呼び寄せた。

「はい。何ですか？」

「仕事を増やして悪いが，大竹と一緒にサステナビリティ情報の定例ミーティングに出席してくれ」

「え？　は，はい…」

佐藤は戸惑いながらも承諾した。

「まぁ，本格的な開示はまだ先の話だろうけど，大竹と相談しながら情報収集しといてくれないか。２人に任せるから，進捗状況は適宜報告してくれ。おっと，会議の時間だ。後はよろしくな」

浅見は慌てて別室に向かった。

監査法人のグループ会社

「だってさ。佐藤さん，よろしくね」

「大竹さん，サステナビリティ情報とか詳しいんですか？」

「全然」

「全然て…。これからどうすればいいんですか？」

佐藤が不安そうな表情を見せた。

「部長も言ってたように，詳細な開示はまだ先みたいだから，今から始めても間に合うんじゃないの？」

「ほんとですか？」

「そもそも，サステナビリティ情報なんて，経営企画マターだし」

「それでも，気候変動のケースだとCO_2削減だとか新聞に出てるじゃないですか。結構，大掛かりな話だと思うんですけど」

「そうかもね。全社的な話になるかもね」

「じゃ，早めに取り掛からないと」

「そうかもしれないね」

大竹の話し方はどこか他人事のようだ。佐藤は心細くなってきた。

「社内にも，サステナビリティとかに明るい人はそういないんじゃないかしら…」

「大丈夫だよ。アドバイザリー会社をつけるって，部長が言ってた」

「アドバイザリー会社？」

「たぶん，月光のグループ会社と契約することになるんじゃないかな」

「何で，監査法人のグループ会社なんですか？」

「サステナビリティ情報の開示も，いずれは監査対象になるかもしれないからだよ」

佐藤は驚いた。

「将来，監査法人が関わるってことですか？」

「可能性としてね」

「じゃあ，それこそきっちり準備しなくちゃいけないじゃないですか」

「だから，アドバイザリー会社にお願いするんだよ」

なるほど，大竹の他人事のような話し方はそういうことか。佐藤は合点がいった。

「でも，アドバイスしてくれるところだったら，ほかにもあるんじゃないですか？」

「うん，そうだと思うよ。でもね，月光のグループ会社には監査法人の関係者も結構いるらしいんだ」

「で？」

「だからさ，うちの会社のことをよく知ってる人たちも多いんじゃないかな」

監査法人のグループ会社であれば，クライアントの会社のことをよく理解しているはずだ。ゼロからのスタートにはならない。

「おそらく，そのグループ会社にとってもやりやすいと思うんだ」

確かに。佐藤はうなずいた。

「月光のグループ会社にお願いするのは，もう１つ理由があるんだ」

「何ですか？」

「佐藤さんが他部署に何かお願いするときって，結構苦労したりしない？」

「それはそうですよ。お願いする担当者の上司に根回ししたり，あとは，えっとー…」

「それそれ，社内を動かすとかって結構大変だろ？　そもそも他部署の人って，経理部の言うことになかなか耳を傾けてくれないし」

「確かに，サステナビリティとかが自分の部署のメリットにならなければ，なおさらですよね」

「そこで，監査法人グループの出番さ。ほら，前に新しい会計基準を導入するとき，監査法人にお願いして，役職員向けに説明会を開催したことって覚えてる？」

「あ，覚えてます」

「監査法人が説明した後，目に見えて他部署からの協力が得られるようになったんだ。業務回りも結構変わるっていうから，システム部の協力が欠かせなかったんだけど，全面協力だったよ」

「へぇ，さすが監査法人」

監査法人の影響力はそれなりに大きいのかもしれない。

「佐藤さんだって，両親に何か注意されると，ムッとする時があるだろ？」

「まぁ，最近は少なくなりましたけど」

「でも，同じことを友達に言われたら，あ，なるほどね，なんてすぐに納得しちゃったりして」

「あるある！」

「それと同じかもしれないな。経理部の言うことは聞いてくれないけど，監査法人の言うことはよく聞く，みたいな」

「監査に限らない監査法人とのお付き合いもあるんですね」

いずれにせよ，監査法人を上手に利用するということだろう。大竹も佐藤も，新しい局面に少しワクワクしてきた。

監査人の独立性

「でも，わざわざグループ会社にお願いする必要があるんですかね？月光も人材が豊富にいるみたいだから，監査法人に直接お願いするというのもありなんじゃないですか？」

そのほうが格段に効率的なはずだ。

「うーん，そこは微妙だね」

「何が微妙なんですか？」

「例えば，監査法人がサステナビリティ情報についてアドバイスしたとして，将来，その情報が監査対象になったとするじゃない。でも，たとえ，会社が開示するサステナビリティ情報であったとしても，監査法人がほとんど作成した情報だとしたら，結局，監査法人は自分で作成した情報を監査することになってしまう」

自己評価になってしまうということか。

「真面目にいえば，**監査法人は会社との独立性が求められるんだ**」

「へぇ，大竹さん，難しいこと知ってるんですね」

「いや，部長の受け売りさ」

「やっぱり」

失礼なやつだな。ちょっとムッとしたが，大竹は続けた。

「監査法人は，会社に対して決算の指導はできても，自ら会社の決算を組むことはできないことと同じなんだ」

「ずいぶん厳格なんですね」

「特に大手監査法人の場合はうるさいらしい」

独立性の確保はわが国に限らず，グローバルな流れであり，国際的にもますます厳格化が図られている。

監査法人と投資家

「そうはいっても，監査法人も監査の領域が広がって，いよいよ経営は安泰ですね」

佐藤は評論家のようなことを言う。

「そんなに単純な話でもないらしいけどね」

「どうしてですか？」

「KAMって知ってるよね」

KAMとは「監査上の主要な検討事項（Key Audit Matters）」をいい，監査報告書への記載が近年，義務づけられたものである。

「あれって，何でルール化されたか知ってる？」

「確か，監査の透明化のためとか」

「そうそう。監査意見だけじゃよくわからないという，投資家からの要請を具体化したものなんだ」

「監査法人はKAMも開示しなければならなくなったということですね」

「もし，将来，決算情報だけじゃなくて，サステナビリティ情報とかも監査対象になったとき，監査法人が開示する情報はますます増える可能性があるんだ」

「投資家へのサービスとしてですね？」

「そう。要は，**監査法人と投資家とのコミュニケーションが強化されているってこと**」

「そっか。監査法人は会社の相手をしていればいいだけじゃなくて，投資家とも関わらなくちゃいけないんですね。監査法人って，投資家と直接対峙するとか，あんまり聞かないですもんね」

株主総会の時に監査法人が出席して株主に説明することも，ほとんどないと思われる。従前，直接的には会社とだけ向き合っていればよかった監査法人も，さまざまなステークホルダーとの対話が求められるようになるのだろうか。

「まぁ，とりあえず，ネットとかでサステナビリティ情報について調べてみようか」

「そうですね，まずは情報収集ですね」

佐藤はようやくホッとした表情を見せた。

第4章　監査を受ける心構え

2022年10月下旬
株式会社獅子御殿　本社５階経理部
浅見部長 vs. 佐藤主任

2022年第２四半期決算も佳境に入っている。
親会社である獅子御殿の不祥事の影響を受け，子会社の業績も怪しくなっている。もはやテコ入れは免れない状況であり，監査法人も強い関心を示している。

事業計画の合理性

「佐藤！」

浅見の大きい声がフロアに響いた。

「はい！」

佐藤は浅見のデスクに駆け寄った。

「今年の会計上の検討課題の１つに，子会社株式の減損があることは知ってるよな？」

「子会社の業績，最近あんまりよくないですからね」

「そうなんだ。それで今度，監査法人から，子会社の事業計画について説明してくれないかとリクエストがあった」

子会社の所管は経営企画部だ。経営企画部が説明して，経理部は同席することになる。

「佐藤は連結決算で子会社の担当だったな？」

「はい」

「後学のために，佐藤も同席するか？」

「いいんですか？」

「あぁ，きっとためになると思うよ」

「ありがとうございます！」

前向きなやつだと浅見は感心した。

「ところで，何で子会社株式の減損の検討に事業計画が必要かわかるか？」

「将来の業績で減損の是非を判断するからですよね」

「そうだ」

そのためには，監査法人に事業計画の合理性について納得してもらわなければならない。納得しなければ，減損処理を迫られるかもしれない。

「でも，監査法人も占い師じゃないんだから，将来のことなんて誰もわからないんじゃないですか？」

「まぁな。でも，事業計画は行き当たりばったりで作られるわけじゃない」

「というと？」

「まず，事業計画の方向性が会社の経営戦略と一致していることが必要だ。例えば，業績不振の子会社をテコ入れするための具体策があるはずだから，それがどのように計画に織り込まれているか，とか」

「うーん，もう少し具体的にお願いしまーす」

「そうだな，子会社に対する再建策として人員削減を行うとする。削減する人数が具体的に決まれば，１人当たり人件費を乗じることで人件費の削減額が予測できる」

「なるほど」

「事業計画上，数値が積み上がって計算されていることや数値間の整合性が確保されていることも大切だ。それと，会社内外の環境のことも考慮しなければならない」

「環境ですか？」

「そうだ。会社の事業を取り巻く市場環境に基づいて売上を予測するとかだな」

「やっぱり，占いとはだいぶ違いますね」

「キーワードは整合性かな。経営戦略との整合性，数値間の整合性，内外環境との整合性…」

「監査法人がその整合性に納得すればいいんですね？」

「そう。一言でいえば，監査法人が事業計画の合理性について納得するかどうかだ」

従前と異なり，**会社の過去の実績のみならず，会社の将来予測についてまで監査が及び，しかも，それが重要な会計上の検討課題となる可能性が高くなっている。**会社，監査人ともに，その対応に追われている。

監査人は極度の心配性

「それだけ準備すれば，監査法人も納得するんですよね？　ずいぶんと疑ぐり深いんですね」

「もともと監査人なんてそういう人種だからな。最近，粉飾事件も多発しているし」

事業計画と粉飾決算？　どういうこと？

「事業計画と粉飾事件って，何か関係があるんですか？」

「あるよ。事業計画についての会社の主張を監査法人がよく確かめもしないで，後になって粉飾決算が発覚したりしてるんだ」

「会社の言うことを鵜呑みにしたということですか？」

「そうなんだ。当局もおかんむりさ。監査法人が処分されることもある」

「処分ですか。重たいですね」

「『事業計画をちゃんと作りました』と会社に言われたところで，監査法人は『はい，そうですか』って言うわけにはいかないんだな」

「監査法人は心配性なんですね」

「まぁ，しかたのないことかもしれないな。だから，**監査法人に説明する前にしっかり準備しておくことが必要なんだ**」

監査人には無用の心配などさせないことが肝要である。

「事業計画を説明するのも，結構大変なんですね」

「そのとおりだ。でも準備だけでも足りないな」

「まだあるんですか？」

「監査法人に説明する際に，きっちりと説明し切ることだ」

「どういうことですか？」

「佐藤，人から説明を受けるとき，おどおどしながら説明されたらどう思う？」

「何か信用できないですね」

「そうだろ。**わかりやすく，簡潔に，理路整然と説明することがとても大切なんだ**」

「事前の準備と堂々とした説明ですね」

何といっても最後は監査人の心証である。重要な会計上の検討課題であればあるほど，監査人の心証をよくするために，最善の策を講じなければならない。監査法人とのシリアスな場面を多く経験することで，説明のスキルが磨かれるはずだと浅見は思う。

判断内容の文書化

「それから，**説明に際しては文書化することも重要だ**」

「口頭じゃダメなんですか？」

「ダメじゃないけど，文書化しておいたほうがいい。事業計画の根拠とかを文書にまとめるんだ」

「というと？」

「監査法人は，監査調書といって，検討の内容や検討結果を文書化しなければならないんだが，そのもとになるものを会社で作るんだ」

「え，私たちがまとめなければいけないんですか？」

何でわざわざ監査法人のために？

「そりゃ，会社の説明を聞いて監査法人がまとめるより，会社が文書化したものを利用してもらったほうが早いだろ。それに何より…」

「何より？」

「監査がスムーズにいく。決算も順調に進むということだ」

なるほど，監査法人のためだけじゃなくて，会社のためにもなるのか。

「でも，文書化なんて，あまり自信ないですよ」

「経験だよ。場数を踏めば，いい文書が書けるようになる」

会計上の検討課題について，論拠を含めて会社自ら文書化することは，経理部のガバナンスを強化することにもなる。佐藤もいずれ理解できる日がくるだろう。

敵は審査員？

「上手な文書が作成できれば，さらに決算が順調に進む」

「どういうことですか？」

「監査法人で決算を承認するのは誰だと思う？」

「監査チームじゃないんですか？　うちの会社だと東山先生とか」

「いや，監査チームだけじゃダメなんだ。監査チームは監査の内容について，審査員に同意してもらわなければならないんだ」

審査？　監査チームが監査されるみたいな感じだろうか。

「審査員が同意しなかったら？」

「監査意見は出ない。審査員が納得しなくて，監査をやり直さなければならない場合もあるらしい」

監査のやり直しなんて……想像したくもない話だ。

「もしかして，文書化はその審査にも関係しているんですね？」

「そうだ。**適切な文書が作成されていれば，監査チームが審査を受けるときに，審査員も納得しやすくなる**」

「つまり，会社が作成する文書は審査員にも見られる，と」

「特に重要な会計上の検討課題についての書類には，必ず目を通すだろうな」

審査員まで意識して文書化する。理論構成とか読みやすさだとか，考えなくてはならないけど，国語が得意とか不得意とか言っていられないらしい。

「佐藤もいずれ作れるようになるさ」

「検討課題かぁ。頑張ります！」

浅見は目を細める。

「その意気だ。減損，繰延税金資産，それから棚卸資産の評価あたりが重要な検討課題になるだろう。**いわゆる『会計上の見積項目』というんだが，見積項目を担当すれば，佐藤も経理担当者として一人前だ**」

会計上の検討課題に係る監査チームの見解については，審査員に納得してもらうことが重要である。その意味で，会社と監査チームが一体となって審査員と対峙するイメージといえるかもしれない。

「監査チームは敵だと思ってたけど，味方ってことですね？」

「そうだ，いかに監査チームに納得してもらうかだ。今度の検討課題の文書化は佐藤にお願いしようかな」

「えー，あんまり期待しないでください。プレッシャーになっちゃうから」

いい意味でのプレッシャーだな。少しずつ佐藤も成長していくだろう。

監査法人のキーパーソン

「会計上の検討課題といえば…」

浅見が続けて言った。

「監査法人に相談する時に相手を間違えちゃダメだからな」

「相談する相手…。相手を選べってことですか？」

「そうだ。間違えると大変なことになる」

「脅さないでくださいよ」

「脅しなんかじゃない」

浅見は真顔だ。佐藤は困惑しつつも尋ねた。

「監査法人の誰に相談すればいいんですか？」

「キーパーソンだ」

「キーパーソン？」

「そうだ。**会計上の検討課題について，具体的な解決策を導いて，瞬時に決断することができる。それがキーパーソンだ**」

佐藤は，白木をはじめ監査法人の面々を思い浮かべた。

「監査法人の先生なら，誰でもできるんじゃないんですか？」

「いや，そんなことはない。キーパーソンは意外に少ないかもしれない」

浅見の評価は厳しいようだ。

「キーパーソンでない人に相談するとどうなるんですか？」

「課題が解決されないどころか，最悪の場合，一度出た結論が，さっき言った審査でひっくり返されることもある」

「もしかしたら，それって決算のやり直しってことですか」

「会計上の検討課題は決算ギリギリにならないと決まらないことも多いんだ。限られた時間内に結論を出さなければいけないのに，審査で結論がひっくり返されたら，取り返しのつかなくなる場合だってある」

「確かに相手を間違えると大変なことになりますね。うちの会社の場合だと誰かな？」

「言わずもがなだろ」

「そうですね。東山先生，お世話になってます！」

キーパーソンは会社の監査業務に深く関与するため，会社はキーパーソンを重視することになるが，キーパーソン自身も会社への思い入れが強くなる場合も多い。思い入れが強くなれば，キーパーソンによる会社への指導にも熱が入ることになる。会社の決算レベルの向上も期待でき，会社と監査法人との良好な関係作りにも資することになる。

監査法人へのクレーム

「会計上の検討事項について，監査法人に相談しながら説明を尽くし，これで行こうとなった。それなのに，もし結論がひっくり返されるようなことがあったら，佐藤，どうする？」

「どうするって，監査法人の言うことだったら，諦めるしかないんじゃないですか？」

「いや，そんなことはない。それこそ，**決算に重大な支障が出るようなら，監査法人に担当者を代えてもらうのも１つの手だ**」

「そんなことって，できるんですか？」

監査法人にたてつくということか？

「会社の要求が通るかどうかはわからないが，伝える価値はある」

「あいつが気に入らないとか？」

「そうじゃない。多少の支障ならともかく，担当者の言動で決算の進行に支障が生じたら，会社にとっても監査法人にとっても不幸だろ。そんな経験はないかな？」

「特には…」

佐藤に特に思い当たる節はなさそうなので，浅見は，別の話題を振ってみた。

「この間，××先生が監査チームから外れたろ？」

「はい。担当する会社が増えたからって聞きました」

「決算業務に影響はなかったか」

「ありました！　後任の先生に一から説明しなければならなくて，結構大変でした」

「それだよ。担当者が変わるのも面倒だけど，引継ぎもされていないなら最悪だな」

「そういえば，監査法人に資料を提出したのに，別の担当者が同じ資料の提出を要求してくるとかも，ちょっと面倒ですよね？」

それなりにクレームの材料はあるものである。

「そういうことを監査法人に伝えていいんですね」

監査法人に文句を言うなんてありえないと思っていた佐藤には意外な話だった。

「もちろん，会社だって完璧じゃないし，クレーマーになっちゃダメだけど，必要なことはきっちりと伝えないとな」

黙っているとお互い気づかないこともある。会社と監査法人の双方のために，クレームがあればきちんと伝えるべきである，ということか。

監査役との関係

「それと，**会計上の検討課題については，事前に監査役に説明しておくことも必要だな**」

「どうしてですか？　監査役って，取締役会とか監査報告会とかに出席してて，いろいろと知ってそうじゃないですか？」

「そうでもないんだ。経理部は会計上の検討課題については，経営層には報告するけれど，監査役には伝わらない場合も多いんだよ」

監査役は意外に知らないということだろうか。

「会計上の検討課題を理解していなければ，監査役が監査法人と協議するときに，丸腰になってしまう」

なるほど，監査役の理論武装を経理部が支援するということか。

「会計上の検討課題については，経営層や監査役と一枚岩になっていることがとても大切なことなんだ。『難題は会社一丸となって臨むべし』だな」

「今回の子会社株式の減損についても，経営企画部と歩調を合わせるだけじゃなく，取締役や監査役とも同じ土俵に立たなければならないということですね？」

「まさしく，監査法人との協議に際しては必須の要件になるな」

経営層，監査役，関係部署と緊密に連携することにより，困難な課題を乗り切ることができる場合も多い。会計上の検討課題については，経理部が主体的に連携を図ることが必要である。

不正対応

「そういえば，子会社株式の減損も重要な会計上の検討課題だけど，監査法人は今回のわが社の不祥事も検討課題としているみたいだな」

「あ，あの不正事件ですか？　詳しいことは知らないんですけど，何とか業法違反だとか」

従前からの不祥事とは別に，内部通報により新たな不祥事が明るみに出たばかりだ。

「うん。うちの担当者は監督官庁に足繁く通っているらしい」

「そんなに重大な話なんですか？」

「いや，改善策を講じれば，特に問題なさそうなんだ。それに，決算数値には特に影響を及ぼすようなことはないと思う」

佐藤は安堵の表情を浮かべた。

「それなら，監査法人からも，そんなにつつかれなくて済みそうですね」

「いや，そうもいかないらしい。違法行為が見つかったら，監査法人にも調べる義務があるんだ」

「だって，決算には影響ないんですよね？」

「関係ないかどうかは，監査法人が直接，確かめることになる」

「関係ないんだったら，会社はそれで押し通せばいいじゃないですか」

めずらしく佐藤が意気込んでいた。

「おいおい，乱暴なことを言うなよ。そんなこと言ったら，監査法人の意見が出なくなってしまうかもしれない」

浅見は，少々極論かもしれないと思いながらも諭すように説明した。

「監査意見が出ないとどうなるんですか？」

「例えば，決算書が不適正となれば，上場廃止基準に抵触することになる」

「え，そんなに厳しいんですか？」

「だから，そう邪険にもできないんだよ」

「でも，決算に関係ないんだったら，会社の主張のほうが筋が通っているということですよね？」

佐藤は食い下がった。

「うーん。監査法人の事情を考えると，そうもいかないんだよな」

監査法人は金融庁に監督されている。大手監査法人に対しては毎年金融庁検査があり，監査法人は検査に耐えうるようなレベル感で監査業務に取り組まなければならない。

「しかたのないところなんですね？」

「そうなんだ。会社の都合ばかりで話が進められないこともあるんだ。

時には監査法人の立場に立ってみることも必要かもしれない。少なくとも今回の不祥事でも，監査法人とは丁寧に協議を重ねることが大切だろう」

「何だか，政治の世界ですね。…でも，監査法人との協議なんて，面白そうかも」

佐藤はあくまで前向きだった。

経理担当者にとって簿記の資格や実務経験はもちろん必要だ。一方で，言葉は悪いが野心のようなものもリーダーには欠かせない。なかなか見込みがあるやつだと，浅見は目を細めて佐藤を見つめた。

第5章　別　離

2022年11月下旬
株式会社獅子御殿　本社５階経理部
浅見部長 vs. 大竹係長

2022年第２四半期も無事終わり，今年もあと１か月余りを残すのみとなった。
会社を取り巻く一連の不祥事によって，一時は経営危機説まで囁かれたが，何とか脱却できたようである。しかし，ようやく「集中治療室」から出られたとはいえ，まだまだ病み上がりの状況といっていいだろう。

突然の計画説明

「浅見部長」
席に戻る途中の浅見を大竹が呼び止めた。
「何だ」
「先ほど，月光の白木先生から電話がありました」
「要件は？」
「翌期の監査計画とか言ってました」
「計画？」

今頃？　この時期に翌期の計画説明をするというのは早すぎる。例年は株主総会が終わって，第１四半期決算が終わる８月以降だ。浅見は嫌な予感がした。

「あんまり，いい話じゃないかもな」

「何か心当たりでも？」

大竹も席を立ち，浅見に尋ねた。

「監査計画について監査法人と協議するってことは，監査報酬についても交渉しなければならない」

監査報酬は監査計画に連動して決定される。

「ちょっと憂鬱そうですね」

「そりゃそうだろう。うちはベンチャー企業だからな」

「ベンチャー企業だと，何で憂鬱なんですか？」

「まぁ，憂鬱というより心配ってとこかな。一連の不祥事で監査法人に迷惑かけただろ。それに，この前の内部通報で新たな不祥事も発覚して，重ねて迷惑をかけてしまったからな」

「でも，結局，決算への影響はなかったじゃないですか」

「それはそうだが，パートナーにもだいぶ時間を取らせてしまったし」

「それと監査報酬とどういう関係があるんですか？」

監査報酬の算定方法

「そもそも，監査報酬ってどうやって算定するか知ってるか？」

「監査法人からの見積書を見たことがあります。確か，監査時間×報酬単価だったかな」

「そうだ。**監査は人工（にんく）商売だから，監査時間と報酬単価で決まる。**このうち，監査時間は会社の規模だったり，ビジネスモデルなんかで決まるんだ。あと，内部統制がしっかりしていれば監査時間は短くなるな」

「報酬単価はどうやって決まるんですか？」

「特に決まりはなくて，監査法人によりけりみたいだけど，基本的に職位ごとの給与とリンクしているようだな」

「パートナーの報酬単価は高いということですね」

監査法人によって呼称が異なる場合があるが，一般にスタッフ，シニア，マネージャーの順に高くなり，パートナーが最上位となる。監査チームはこれらの職位の混成だから，報酬単価は加重平均で算定される。

「報酬単価って，１日いくらくらいなんですか？」

「**日本公認会計士協会が監査報酬を調査しているんだけど，ざっくり10万円から15万円くらいってとこかな**」

「やっぱり，安くはないですね」

確かに安くはない。ただ，責任も重いから一概に高いとはいい切れないかもしれない。

「いずれにせよ，**監査報酬の構成要素を理解して，監査法人と交渉することが大切だな**」

「交渉するのは監査時間ですか？　報酬単価ですか？」

「主として監査時間かな。報酬単価は毎期，それほど変動はないんだ」

「どうやって交渉するんですか？」

当然の疑問だ。監査報酬は決して安い買い物ではないので，きっちり交渉しなければならない。

「監査時間だったら，監査項目の積み上げで計算されたものが前年対比で提示されるから，監査項目ごとに検討することになる」

「結構細かいですね」

「例えば，ある項目で監査法人ともめたことで監査時間が増えたとしても，そのもめごとが解決しさえすれば，翌年はその項目の監査時間は減少するとかだな」

「逆に，新たな会計上の検討課題が出れば監査時間が増えると？」

「そういうことだ。もし，検討課題が満載になったら，監査時間は急増するだろうな」

業績がいい時は会計上の検討課題も少なくなる一方，業績が悪化すると，とたんに検討課題が噴出して監査報酬も跳ね上がってしまうことになる。

「報酬単価については特に交渉の余地はない，と」

「基本的には，報酬単価は毎年あまり変動しない。けれど，会社の監査リスクが高まったりして，監査責任者の関与が増えれば，報酬単価も上昇する可能性もあるな」

「うちは大丈夫ですよね？」

「不祥事も重なって，そうともいい切れないのがうちの苦しいところだな」

浅見は苦い顔をした。

報酬交渉（その１）

「けどな，一般論だけど，基本的に監査法人と報酬交渉する時は，多少強気でも構わないんだ」

「どうしてですか？」

「それには，監査法人の損益構造を理解する必要がある」

ずいぶんと大袈裟な話だなと大竹は思った。

「大竹，監査法人の損益構造とかってイメージできるか？」

「えー，先ほど部長が監査は人工（にんく）商売っておっしゃってたから，やっぱり人件費がメインですかね」

「さすが大竹。よっ，名係長！」

どうみても浅見の本音ではない。

「からかわないでくださいよ」

大竹は少しムッとした。

「いや，実際，重要なポイントなんだ。大手監査法人の場合，人件費が７割くらいで，あとは事務所の家賃，海外の提携事務所へのロイヤリティ，それとシステム関係の費用とかかな」

「ほとんど固定費ってことですね」

「そう。固定費が大半ということは，どういうことかわかるか？」

「いえ」

「もし，監査法人がクライアントの１社から監査契約を打ち切られて，監査報酬がなくなったら，どうなると思う？」

「その分，コストも減るから，利益分だけマイナスに…。あ，そうか。ほとんど固定費だから，売上のマイナスがそのまま利益のマイナスになるんだ」

「そのとおり。クライアントがなくなるってことは，ほぼ売上見合いの利益が吹き飛んでしまうことになるんだ」

「それは一大事ですね」

「わかるだろ。クライアントを失う(ロストする)ってことは，監査法人にとって結構な打撃なんだ」

クライアントのロストが痛いのは監査法人に限らず，弁護士法人や税理士法人といった人工商売に共通の話だろう。

報酬交渉（その２）

「なるほど。だから報酬交渉は強気でいいんですね」

「それとな，もう１つ，強気でもいい理由があるんだ」

「何ですか？」

「そもそもの話，監査報酬って誰が払ってる？」

「会社に決まってるじゃないですか」

「何で決まってんだ？」

「え，それは決算を見てもらうため…」

「それって，会社のメリットか？」

「だって，投資家とかは監査済みの情報を欲しがるじゃないですか」

「喜ぶのは投資家だろ。会社じゃない」

大竹は浅見の言わんとすることがつかめない。

「もっと言うと，何かサービスを提供してもらって，対価なり報酬なりを払うのは誰だ？」

「そりゃ，サービスを受けた人に決まってますよ」

「今，情報を欲しがるのは誰って言った？」

「投資家ですけど…」

「だったら，投資家が監査報酬を払ってもいいんじゃないか？」

あれ？　投資家が監査報酬を負担すべきという話は，前にも浅見から聞いたことがある。

「いつだったか，四半期決算がいるのかどうかなんて話をしたよな」

確かに，サービスの受領者が報酬を払うのは正論である。事実，会社の情報を機関投資家が有料で取得するケースもある。

「まぁ，その時にも言ったかもしれないが，会社に監査を受けるメリットがまったくないかといえば，嘘にはなるだろうけど」

「そうか，そもそも会社に支払義務がないんだったら，監査報酬の引下げも可能ってことですね？」

「どうも，企業より投資家の都合ばかりが優先されている気がしてな」

うーん，深いな。まったくの初耳だったが，まんざら極論でもないかもしれないと大竹は思った。

「あれ，だいぶ話がそれてしまったような…。最初の話って，何でしたっけ？」

大竹が思い出したように口を開いた。

「そうそう，何でベンチャー企業だと監査報酬のことで心配しなければならないかってことですけど」

「そうだっけな」

「何でですか？　教えてくださいよ，部長」

「いや，いいんだ。ちょっと頭をよぎっただけさ。まだ，何も起きているわけじゃないんだし…」

浅見は自席に戻ってしまった。その背中を見て，大竹はこれ以上聞くことはできなかった。

翌日

株式会社獅子御殿　別館６階監査役室

浅見部長 vs. 神谷監査役

監査法人が策定した監査計画は監査役に対して説明されるが，会社法上，監査報酬については監査役の同意を得なければならない旨が定められている。

浅見は常勤監査役の神谷を訪ねた。

「急にお訪ねして申し訳ありません」

「どうしたの？」

悠長に構える神谷に，浅見はいきなり本題に入った。

「実は，昨日，監査法人から連絡がありまして，翌期の監査計画について監査役と協議したいとの申し出がありました」

「この時期に？　ずいぶん早いね。例年８月頃だったと記憶しているけど」

神谷は怪訝そうな顔をした。

「そうなんです。今までこんな時期に協議したことなんてありませんでした」

「どういう意図があるのかな？」

神谷も浅見と同様，まったく見当がつかない様子だった。

「となると，監査法人の出方を待つしかなさそうだね」

現状，打つ手なしということか。

「悪い話でなければいいんですが」

残念ながら，これ以上，長居しても進展はなさそうだ。浅見は話を打ち切ることにした。

「後ほど監査法人と日程調整させていただきますので，よろしくお願いいたします」

浅見は退出した。

2022年12月初旬
株式会社獅子御殿　本社１階会議室
浅見部長 vs. 監査責任者

大幅値上げ（監査時間）

監査法人が翌期の監査計画を監査役に説明するため，来社した。

監査法人側は東山を含む監査責任者のパートナー３名と白木マネージャー，会社側は社外監査役を含めた４名の監査役，経理部からは浅見，大竹ほかが同席した。

白木から監査の基本アプローチ，監査手続の概要，監査チーム体制など一通りの説明が続いた。

浅見は，監査法人の説明は例年それほど代わり映えしないことを承知していたので，先回りして監査計画書の最後に記載されている監査日程のページに目を移した。

監査日程には監査項目ごとに当期と翌期の監査時間が記載してある。

ん？　浅見は顔を曇らせた。当期と監査時間が変わっていないのだ。当期は不祥事が続いたから，監査時間が増えるのはしかたがない。しかし，すでに改善策も施されている。翌期に監査時間が減らないのはどうしてだろう。

内訳を見ると，特定の項目ではなく，今までより押しなべて監査時間が増加している。明らかに今までとは違う。どういうことだ。嫌な予感しかしない。

浅見が考えを巡らしているうちに，監査法人の説明もいよいよ監査日程の項目となった。

白木が説明した後，筆頭パートナーが口を開いた。

「当年度は不祥事が続きましたので，監査時間が当初の見積時間をだいぶ超えてしまっています。翌期につきましても，御社の場合，内部統制は必ずしも盤石とはいえず，内部統制監査を含めた監査手続全般を充実させることといたしました」

浅見はパートナーのセリフに敏感に反応した。マズいことになった。監査報酬が跳ね上がる。

監査報酬は監査時間×報酬単価である。監査時間の増加は監査報酬の増加に直結する。

不祥事に相当の監査時間を費やしたことは監査役も承知していた。そのためか，いずれの監査役からも特段，異議は出なかった。

このままでは黙認となってしまう。浅見はたまらず口を挟んだ。

「監査時間については，もう少し協議させてください」

今日の説明を受けて，来週には監査報酬の交渉機会があるはずだ。その時にあらためて東山と話をするしかないと浅見は判断した。

監査計画の説明は，定刻どおりに終了した。

2022年12月中旬

株式会社獅子御殿　本社１階応接室

浅見部長 vs. 東山パートナー

大幅値上げ（報酬単価）

東山パートナーと白木マネージャーが来社した。

「いらっしゃいませ」

対応する浅見と大竹は挨拶したが，東山は無言だった。どうも雰囲気が堅い。やはり何かある。

「早速ですが，本題に入らせていただきます」

いつもの世間話もない。

「翌期の報酬見積りです」

監査報酬の見積書が浅見に提示された。表紙に監査報酬の総額が記載されていた。

「え？」

浅見は目を疑った。監査報酬が今年の倍近くになっていたのである。

とてもじゃないが，こんな金額，うちでは払えない。浅見は自分でも顔が引きつるのがわかった。

しばらく沈黙が続いた。

「説明していただけますか」

浅見は努めて冷静を装った。

「それでは，説明させていただきます。まず，表紙にございますように，監査報酬の総額として×××円で見積らせていただきました」

「途方もない金額ですね」

あえて刺激的な口調で返した浅見の発言をさえぎるように，東山は続けた。

「それでは，次のページをご覧ください。監査時間については昨年実績をもとに計算させていただきました」

先日，提示されたとおり，当期に比べて大幅に増加している。

「今年は不祥事が続いたから――」

浅見は思わず反論に出た。

「いえ，先日の監査計画のご説明の際にお伝えしたように，御社の場合，同じような不祥事が発生する可能性が否定できません。内部統制監査を含めて，監査手続を充実させるしかありません」

とりあえず相手の話を聞くしかないか。

「報酬単価につきましては，近時の監査の厳格化と合わせて，御社の場合は不祥事対応ということで，監査責任者の関与時間が大幅に増加しています。監査責任者の報酬単価は１日30万円ですので，その分を加味させていただきました」

「待ってください。ちょっと乱暴な話じゃありませんか」

うろたえながらも，浅見は口を挟まざるを得なかった。最後まで話を聞く余裕など，いつのまにかなくなっていた。

「不祥事はなくなるんだし――」

「いえ，御社の場合，不祥事に限らず，今後も，監査責任者の関与が高まる可能性が極めて高い。監査チームはもちろん，法人としての最終決定です」

「報酬単価にまったく議論の余地はないということですか？」

「そう考えていただいて結構です」

「繰り返すけど，監査時間だってまったく減ってないし」

「致し方ありません。監査意見を表明するためには避けられない時間と判断しました」

浅見は青ざめていた。こんなビジネスライクな東山は見たことがない。

“取り付く島もない” というのは，まさにこのことだ。

法人決定ということは，東山の意思ではないということだろう。**報酬負担が難しいのを承知のうえでの値上げだとしたら，事実上，監査契約の打ち切りが宣告されたようなものだ。**

すぐに結論が引っくり返るわけでもないし，ここで食い下がってもしかたがない。

「東山先生，とりあえず承りました。持ち帰らせていただきます」

溜め息まじりに浅見は言った。

「よろしくお願いいたします」

東山はあくまでかたくなな態度を貫いていた。

大手監査法人のデメリット

２人を見送った後，浅見と大竹は応接室に残った。

「けんもほろろでしたね」

大竹の口調は弱々しい。彼なりにショックを感じているのだろう。

「これからどうするんですか？」

浅見は目を閉じていたが，少し間をおいた後に大竹を見やった。

「今日の報酬交渉の意味がわかるか？」

「意味，ですか？」

「何で監査法人が来たかってことだよ」

「え，交渉しに来たんですよね？」

「違う。十中八九，監査契約の打ち切り宣告だ」

「マジっすか？」

大竹はひどく調子はずれな声を出した。

「大竹，提示された報酬金額をうちが払えると思うか？」

「会社の利益水準から考えると，ちょっと厳しいかもしれませんね。でも，もしあの金額を受け入れたら，監査契約は継続してくれるんですよね？」

「それはどうかな。さらなる値上げの可能性も否定できないな」

浅見は少しずつ冷静さを取り戻してきたようだ。頭の中を整理するように，大竹に問いかけた。

「大竹さ，月光って大手監査法人だろ。前に大手監査法人のメリットについて話したよな」

「えーと，監査の品質とか海外対応とか，あと，信用力とかでしたっけ？」

「そうだ。だがな，反対にデメリットもある」

デメリットの話など大竹は聞いたこともない。

「今回の監査報酬さ。報酬が高いんだよ」

「何で高いんですか？」

「まず，人件費だな。この前，教えたろ。監査法人の損益構造ってやつを。大手は中小より給料がいいんだ。大手監査法人の経費は７割が人件費だから，その分，報酬も高くなる」

「そういう話ですか」

「それから，全国にある拠点事務所はどこも一等地にあって，事務所の家賃も高い。IT投資もばかにならないな。あと，海外の提携事務所に払うロイヤリティとか。これも教えたよな」

「でも，報酬が高額なのは前からだったと思うし，何で今さら値上げなんですか？」

もっともな指摘だ。

「時代かもしれないな」

「時代？　時代って何ですか？」

「監査の厳格化ってやつだよ。不祥事が発覚するたびに世間からの監査法人への締め付けが厳しくなっている。それも日本に限ったことじゃない」

「国際的な流れだと？」

「そうだ」

不祥事はわが国固有のものでもないし，海外でもそれなりに名の知れた企業が不祥事を起こしている。特に，会計上の見積りなどが開示されるようになって，監査法人へのプレッシャーは相当なものらしい。

監査人の異動

「あとな，大手監査法人は最近，うちみたいな中小規模の企業，特にオーナー系の新興企業とはあまり付き合いたくないみたいなんだ」

「だって，月光はうちの会社を引き受けてくれたじゃないですか」

「以前なら大手監査法人でも付き合ってくれた」

「それも時代ってやつですか？」

「あくまで一般論だが，オーナー系のベンチャー企業は，やっぱりハイリスクなんだ。上場後すぐに粉飾決算が発覚するなんて事例もある」

「規模は小さいのに，手間ばっかり掛かるってことですかね」

「そういうことだ」

「うちの会社もご多分に漏れずってことですね…」

「典型例かもしれないな」

大竹はだいぶ腹落ちした様子だ。

そういえば，最近，監査人の異動という話がやたらに出ている。

「よく，中小の上場会社で，監査期間が10年を超えるから監査法人を替えたなんて話を聞くだろ？　10年なんて決して長くはないんだよ。監査法人をしょっちゅう替えてたら，それこそ，また一からやり直さなければならなくなって，お互いやりにくくてしょうがない」

監査期間は言い訳にすぎないということか。

将来に向かって

「まぁ，他人様のことはどうでもいいか」

「そうですよ。そんなことより部長，これからどうするんですか？」

「どうするって？」

「上司に報告することとか，監査法人と交渉を続けるとか」

「そうだなぁ，どうするかなぁ」

「え，まだ決めてないんですか？」

「冗談だよ」

大竹の慌てぶりに浅見は苦笑した。

「でもな，月光とはそれなりの付き合いで，個人的な思い入れもある。もちろん監査役にも報告するけど…，まぁ，一晩頭を冷やすさ」

「部長」

「何だ？」

「うちの会社，粉飾決算とか決算が遅れているとか何も悪いことしてないのに，なんでこんな扱いを受けなければならないんですかね」

「確かに，何かもやもやするな」

「もっと，前向きに行きませんか？」

大竹にしては珍しく積極的だ。

「偉そうに。でも，そのとおりかもしれないな。我々が目指すことは何一つ変わらないもんな」

「そうですよ。いつか月光を見返してやりましょうよ」

「やれやれ，部下に励まされるとは，俺も焼きが回ったな」

と言いつつ，浅見は部下の成長に目を細めた。

「久しぶりに，今晩ちょっと行くか」

「いいですね。あ，でも愚痴とか言いっこなしですよ」

「生意気言うな」

頼りになる部下もいて，何となく方向性も見えた気がして，浅見も少し前向きな気持ちになってきた。

2022年12月下旬

株式会社獅子御殿　別館６階監査役室

浅見部長 vs. 神谷監査役

「失礼します」

浅見は監査役室に入った。

監査報酬を巡るこれまでのいきさつについては，管理本部長や監査役にはあらかた報告している。

「今日は今後の方向性について，ご相談に参りました」

「うん。まさしく青天の霹靂だったね」

神谷もそれなりのショックを受けたようだ。

「そうですね。まさかと思いました」

「しかしまぁ，過去のことは振り返ってもしょうがない。別の監査法人に当たるんだろ？」

「そのつもりです」

もはや月光監査法人を含め大手監査法人という選択肢は消えていた。

「翌期といっても，そんなに先の話じゃないからね」

神谷の言うとおりだ。早急に次の監査法人を選ばなければならない。くよくよしている暇はない。

「どこか当てはあるの？」

「いえ，特に。金融機関とか知り合いのコンサルとかに当たってみようかと」

「僕も前の会社関係で当たってみるよ」

確か，神谷の前職は保険会社の役員である。顔も広そうだ。

「社長のルートもあるかもしれないし，そうそう，知人の会計士にも聞いてみることにするよ」

ルートはいくつかありそうだ。

「ところで，監査法人の選択基準とかってあるのかい？」

神谷が浅見に尋ねた。

浅見は数枚の書類を神谷に差し出した。表紙には「監査法人の通信簿」と書いてある。

「監査法人のチェックリストを作成してみました」

浅見はつい先日作成したチェックリストについて，神谷に説明を始めた。

〈完〉

ケーススタディ編

※見出しの横に「☞通信簿×××」と記載した項目は，本編第８章「監査法人の通信簿」に関連するものです。通信簿では，これら項目ごとに配点し，100点満点で評価します。

第1章 監査の概要

監査法人対応をめぐるケーススタディを取り上げる前に，ここでは簡単に監査の概要について触れておきます。

監査法人について理解を深めていただくことが本書の目的ですから，そのために必要な監査に関する基礎的な事項について記載します。

公認会計士または監査法人による監査は，独立した第三者として企業などの財務情報について行われるもので，財務情報の適正性を利害関係者に対して保証する役割を果たしています。さまざまな法令によって企業および団体に義務付けられ，会計情報の信頼性確保に役立てられています。なお，監査法人とは，組織的な監査を行うために，公認会計士法に基づき５名以上の公認会計士により設立された法人をいいます。

公認会計士または監査法人による監査のうち，一般事業会社に対する法定監査の主なものは，以下のとおりです（日本公認会計士協会ホームページ（https://jicpa.or.jp/cpainfo/introduction/organization/jpaudit/参照)。

(1) 金融商品取引法監査

特定の有価証券発行者などが提出する有価証券報告書などに含まれる財務計算に関する書類（貸借対照表や損益計算書など）には，公認会計士または監査法人の監査証明を受けなければならないとされています（金融商品取引法第193条の２第１項，同第２項)。

⑵　会社法監査

大会社および委員会設置会社は，会計監査人を置くことが義務付けられています（会社法第327条，同第328条）。

また，会計監査人を置く旨を定款に定めれば，すべての株式会社は会計監査人を置くことができます。

会計監査人の資格は，公認会計士または監査法人でなければいけません。

なお，監査法人による監査には，監査の対象によって，財務諸表監査と内部統制監査とに分離することができます。

本書における監査法人を取り巻く主たるステークホルダーは，以下のとおりです。

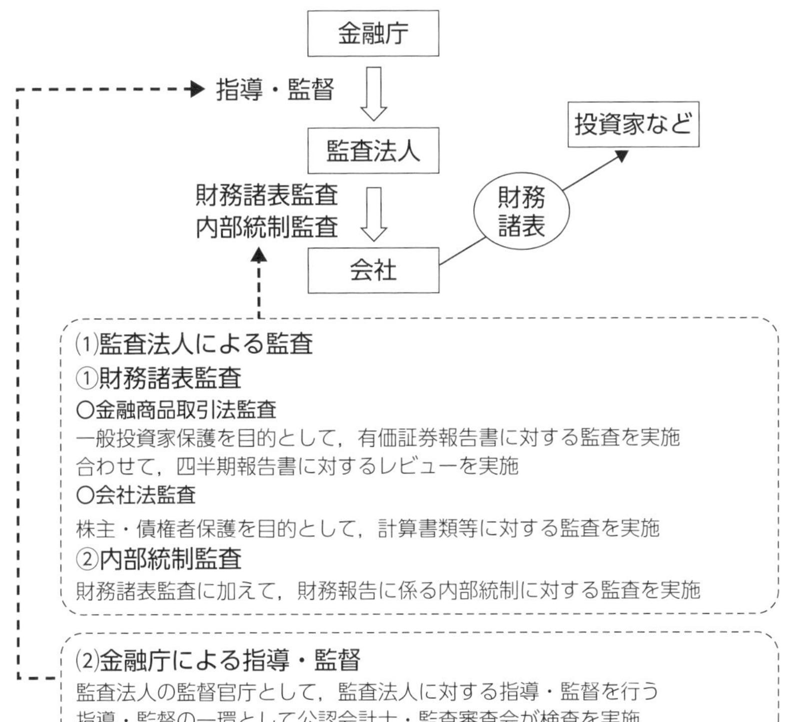

監　査　人

2－1　監査人とは

経理部署に所属するO君は，監査法人から新たに自社の担当シニア（現場監督のこと。【ケーススタディ4－2】(1)「シニア・スタッフとは」参照）となるKさんを紹介されました。以前の担当シニアは優しい人で，いろいろと丁寧に教えてくれましたが，Kさんはどうなのだろうかと不安です。「うまく話せるかな」などと思ったりもしています。

O君の上司であるあなたは，O君にアドバイスする際に，どのような考えで臨めばよいでしょうか。

ヒント

監査人は概して真面目で，教え上手です。

解答例

監査人は，公認会計士試験に合格するためにほぼ毎日勉強漬けという生活を2～3年続けることが一般的であり，晴れて合格した後も常に学習が必要な職業です。その意味で，概して真面目なタイプが多いかと思われます。

また，会社に適切な会計処理・表示を行ってもらうために丁寧に指導・説明しなければならず，会社との数多くのコミュニケーションを経験しているので，押しなべて教え上手です。

したがって，特に心配ご無用かと思われます。

ただし，監査人にも得手・不得手があります。金融関係の会計処理に強い／弱い，内部統制に明るい／暗い，英語が得意／不得意な場合など，さまざまです。

こうした監査担当者の向き不向きを押さえながら，お付き合いすることが大切です。

解説

(1) 監査人とは

監査法人の構成員である監査人（公認会計士）とは，どのような人種なのでしょうか。

一言でいえば，「真面目」な人種です。

そもそも，公認会計士試験に合格するためには，会計学，監査論，租税法など幅広い科目にわたる学習が必要となるため，合格までに２～３年は机にかじりつかなければなりません。また，合格後も正式に公認会計士を名乗るためには，実務経験に携わりながら，あらためて修了考査という試験に合格しなければなりません。

加えて，経済や会計を取り巻く環境も目まぐるしく変化しており，晴れて公認会計士になった後においても，これらをキャッチアップするための自己学習が必須です。個々の会計・監査上の検討課題に臨むに際し，関係法令などに当たることはもちろん，専門書，経済誌の購読や，監査法人や外部が主催する研修などにも励まなければなりません。

公認会計士は，日本公認会計士協会が実施する年40時間の研修を受けることが義務付けられていますが，こうした義務のいかんにかかわらず，自らの知識のブラッシュアップを図るために，業務時間の一定割合を自己学習に充てる必要があるため，「一生勉強」が専門職たる公認会計士としての定めではないでしょうか。

前置きが長くなりましたが，このような「真面目」な公認会計士を利用しない手はなく，会計上の検討課題を大いにぶつけてみてください。大抵の場合，進んで回答してくれるはずです。

ただし，やみくもに質問するのではなく，関連資料に当たり，自ら検討を加えた後に積極的に利用してください。

POINT!

「真面目」な公認会計士を大いに利用して
自らのスキルアップを図る。

⑵　監査人の得手・不得手

監査人はいろいろなタイプに分類することができます。

まずは，監査業務に専念する職人気質の監査人です。もともと職人気質の監査人は多いのですが，そうした監査人は監査を極めるべく，スキルの向上に余念がありません。まさしく，保守本流の監査人といっていいのかもしれません。

また，監査業務以外の金融，サステナビリティ，公会計など監査の周辺業務を専門とする監査人もいます。さらに，監査業務はもちろん，その周辺業務にも関与せず，営業活動を得意とする監査人もおり，種々の会計関連セミナーを主催し，銀行や証券会社などに人脈を広げ，株式上場，デューデリジェンスなどの各種サービス業務の受注獲得を目指しています。

このような監査人の得手・不得手は，医者や弁護士に専門分野があることと同様かもしれません。

ただ，監査法人として組織化されている場合は，各種の業務を提供するに際して専門チームを組んで対応しますので，どの分野に対してもそれなりのレベル感が確保されています。

会社としても，監査人の得手・不得手を見極めて使い分けるのがいいかもしれません。

POINT!

監査人の得手・不得手を見極めるのも有用。

ケーススタディ

2－2　対等な関係

経理部署に所属するO君は，監査チーム所属のシニアのKさんが苦手です。例えば，会計基準の解釈など会計・監査上の課題について，自分の主張がなかなか通らず，いつもKさんに言い負かされています。

O君は特に経理関係の資格は持っていませんが，Kさんと対等な関係を築くためには，どうしたらよいのでしょうか。

ヒント

まず，簿記の資格を取得し，会計の知識を蓄え，経済・業界動向などにも通じることにより，対等な関係づくりを目指します。

解答例

公認会計士試験には会計学や企業法などの科目があり，監査人は相当程度の知識を有しています。したがって，監査人と対等に付き合うためには，まずは簿記2級程度の資格を取得し，財務諸表論についても書籍や講習などにより，基礎知識の習得に努めます。

また，経済誌や業界紙に目を通すほか，自社と同業他社の決算書を比較分析するなどして，経済・業界動向への理解を深めます。さらに，会計に関する専門誌や専門書の購読，研修会への参加などにより，随時，知識を更新します。

会計学や企業法などは日進月歩であり，今の知識はいずれ陳腐化します。業務時間の1割程度はインプットに充てるよう，心掛けてください。

解説

(1)　公認会計士試験

公認会計士試験には必須科目として会計学，監査論，租税法，企業法があり，選択科目として経営学，経済学，民法，統計学があります。このうち，会計学や企業法あたりは計算力や深い理解力が問われ，合否を分ける主力科目と考えられますが，その他の科目についても満遍なく学習することが必要です。

さて，このような試験をパスした監査人と対等に渡り合うためには，ある程度の理論武装が必要です。

まず，会計学については，連結会計や原価計算などが試験範囲に含まれる簿記２級は必須の資格ですし，財務諸表論の習得も必要です。また，租税法や企業法などについては，入門書に加えてビジネス書や経済誌などの購読が望まれます。

経済や会計は日々刻々と変わります。常に底上げを図るため，これらの学習を習慣づけしてください。

この点，受験勉強を経た監査人は学習が習慣化しており，常に知識のブラッシュアップを図っています。

少なくとも業務の１割程度は研修や書籍の購読を含め，インプットの時間に充てるよう心掛けてください。

POINT!

簿記２級と財務諸表論は経理パーソンの必須項目。

⑵　圧倒的格差

残念ながら経理パーソンと監査人との間には，以下のような点で圧倒的な格差があります。経理パーソンとしては，理論武装したうえで，１つひとつの会計上の検討課題を疎かにせず，丁寧に検討することで，スキルアップを図ることが必要です。

〈会計関連の知識〉

前述したとおり，公認会計士試験には会計学，監査論，租税法などの科目があり，監査人は会計やその周辺に関する相当程度の知識を備えています。

経理パーソンも会計領域についての最低限の知識を得ることが必要であり，特に，簿記２級程度の知識は不可欠です。

〈実務経験〉

監査人はさまざまな会社の監査を経験していますが，単に担当会社数を重ねるだけではなく，業種，規模の大小，業績の善し悪しを問わず，多種多様な会社の監査に携わっています。

一方，経理パーソンは，転職経験でもなければ，自社の経験しかありません。

この点，自社の会計上の検討課題については，毎年それほど大きく変わるようなことはないでしょうから，これを深掘りすることで，監査人と渡り合うことを目指します。

〈ビジネスの理解〉

監査人は，監査対象会社のビジネスを客観的に捉え，不正リスクを把握することに長けています。また，経営トップはもちろん，監査役，事業部の責任者，内部監査の担当者などとの協議を通じて，ビジネスの理解を深めています。

経理パーソンは自社や自社の業界には詳しいはずです。同業他社の決算書を自社のそれと比較分析したり，業法などに精通することで，自社ビジネスの理解に磨きをかけます。

〈会計関連情報の入手〉

会計に関する最新情報や不正事例などについては，監査法人内で広く共有され，監査法人や日本公認会計士協会主催の研修も多数開催されています。

経理パーソンとしても，ネットだけでなく，書籍，雑誌，外部の研修会などあらゆる手段を尽くして，会計周辺情報をキャッチアップします。

〈判断力・決断力〉

会計・監査上の判断力や決断力は監査人にかなわないかもしれません。しかしながら，安易に監査人に頼ることなく，自ら考えることを習慣づけることで判断力や決断力を磨きます。

POINT!

知識を蓄え，1つひとつ丁寧に検討することで，監査人と渡り合う。

ケース
スタディ

2－3　スキルアップ

経理部署の若手のO君は，会計上の検討課題について協議するときに，いつも感覚的に話しているようで，自ら調べたりすることは特にありません。また，監査法人の見解についても，そのまま受け入れてしまっているようです。

上司であるあなたは，O君にアドバイスするにあたり，どのような考えで臨めばいいのでしょうか。

ヒント

地道に会計基準に当たり，自ら考える習慣を身につけることが必要です。

解答例

会計上の検討課題を検討するにあたっては，安易に周りに尋ねたりネットで調べたりせず，常に会計基準を調べる癖をつけることが必要です。

また，監査人の主張を鵜呑みにせず，まずは自分なりの答えを出すことを心掛けます。

こうした1つひとつの課題に対して，地道に継続して取り組むことこそが，スキルアップへの王道であり，一番の近道です。会計関連の基礎知識を習得したうえで実務経験を5年も積めば，立派な経理パーソンの誕生です。

解説

(1)　監査は常識

監査人は，会社が実施した個々の会計処理や表示が会計基準に準拠しているかどうかについて確かめますが，会計基準はすべての具体的な会計処理や表示を定めているわけではありません。

会計基準上，具体的な会計処理・表示が記載されていない場合は，個々の案件に応じて，あるべき会計処理・表示を自ら判断しなければなりません。

この点，監査人は応用が利きます。監査人は多くの事例に当たっており，会計基準の趣旨に沿ったバランス感覚のある判断を試みます。まさしく「監査は常識」であり，この点，監査人には，かなうものではありません。

判断に迷うような項目に対して客観的な道筋をつけることこそが監査の醍醐味であり，監査人の独壇場といえるかもしれません。

ただし，監査人でなくとも同様の判断を行うことができる方も確実にいらっしゃいます。監査人からすれば，「会計の素人」であるにもかかわらず，会計基準の本質を理解し，監査人と対峙しうるような人物です。

日々の研鑽によって，このような経理パーソンが育つことを願うばかりです。

POINT!

監査人は応用が利くが，
日々の研鑽によって監査人と対等に渡り合うことも可能。

(2)　監査人の指導性

☞ 通信簿(1)①，②，③

監査人は，会社の作成する財務諸表が適正かどうかについて監査を実施し，監査意見を表明します。これを監査人の「批判的機能」といいます。

一方，監査人は単に批判的機能を発揮するのみならず，会社に対して会計処理や表示などに係るアドバイスを行いますが，これを監査人の「指導的機能」といいます。

例えば，株式上場準備の一環として，会社の組織，経営管理，関係会社の整備などについて監査人からアドバイスが行われるような場合に，より典型的に指導的機能が発揮されます。また，会計基準や関係法令の改正などが行われた際に，適時に会社（グループ会社を含む）に伝えることも，指導的機能の１つと考えられます。

監査人は，あるべき会計処理・表示などを目指して「批判」または「指導」しているのですから，これらの機能は表裏一体の関係にあると考えられます。

ただし，監査人が財務諸表の作成自体を行うことは認められていません。財務諸表はあくまで，会社の責任において作成されなければなりません。

また，監査人にどれだけ指導性が認められるにせよ，会計上の検討課題については，まずは会社自ら考えて，結論を出すことが必要であり，安易に監査人に結論を求めてはなりません（【ケーススタディ４－６】(1)「株式上場時の監査法人選択（その１）」，【ケーススタディ４－７】(1)「監査のメリット」参照）。

POINT!

会計上の検討課題は監査人に頼らず，自ら考える。

2－4 監査人の特質

経理部署に所属するあなたは，期末決算において，固定資産について減損の計上を見送ったことを監査法人のSマネージャーに伝えました。しかしながらSマネージャーは，計上見送りについては同意していないようです。どうやら，計上見送りの根拠となる事業計画の合理性について納得していないように思われます。

事業計画については，後日，担当部署から監査法人向けに説明の場を設けていますが，どのように説明すれば，Sマネージャーの同意を得ることができるでしょうか。

ヒント

監査人は極度の心配性ですので，入念に準備したうえで，堂々とした態度で臨みましょう。

解答例

監査法人に対して事業計画を説明するにあたっては，正々堂々と説明することが重要です。

事業計画を説明する場合，まず，事業計画を裏付ける今後の見通しや会社の戦略について，具体的に，かつ，明瞭に説明します。

例えば，収益計画であれば，市場動向，シェア，季節性などを踏まえた販売数量の予測，価格動向や地域性などを基礎とした価格戦略について，数値化することにより客観性の確保を図ります。加えて，不採算事業からの撤退，業務フローの見直し，得意先との交渉強化などの各種施策についても，具体的な数値に落とし込みます。さらに，すでに着手済の計画については，足元の実績値との予実分析を行います。

淡々と説明するよう心掛ければよく，はったりなど不要です。

次に，計画策定上のポイントを淀みなく，冗長にもならず，簡潔に説明し切ることも必要です。そのためにも経理担当者は，事業計画の担当者と事前に入念に打ち合わせます。

場合によっては，経営層による説明を要請します。事業計画は単なる数値の羅列ではなく，「経営者の思い」ですから，監査法人に対して，事業計画の客観的な要素を支える経営者の信念や思いを伝えることが有用です。

監査人は，監査意見を表明するにあたって，個別の監査項目に対して監査証拠を積み上げていきます。証拠といっても唯一絶対の物証があるわけでもなく，会社への質問や証憑書類の閲覧などを通じて得られた監査人の総合的な判断に基づいて，心証が形成されるのです。

したがって，監査人の心証に響くような納得感のある説明が求められます。

最終的な監査の結論は，監査チームが審査員に対して説明した後に決まります（【ケーススタディ３－５】⑵「審査とは」参照）。そのため，何よりも監査チームを味方に引き込むことが大切です。

解説

⑴　監査人は極度の心配性（その１）

監査人は極度の心配性です。

例えば，損失発生の可能性がある案件について，現状においては具体的な損失が発生していなくとも，今後，損失が急拡大してしまうようなネガティブな発想をします。また，業績の下方修正のように，監査人が当初想定していなかったような数値のブレを嫌いますし，監査人に対する事業計画の説明に少しでも戸惑ってしまうと，計画の合理性に疑念を抱いてしまいます。

監査人は，会計・監査上の課題に対しては，常に健全なる懐疑心を保持して臨むことが監査基準で求められています。さすがに「人を見たら泥棒と思え」とまでは言わないにせよ，会社の言うことを決して鵜呑みにせず，まずは疑ってかかることが彼らの商売なのです。

しかしながら，時としてその心配が行き過ぎてしまう場合があります。特に，いわゆる会計上の見積項目に対しては，どうしても慎重になり過ぎるきらいがあります。

新型コロナウイルス感染症が蔓延した際には，監査人があまりに悲観的な見積りを行うことが懸念されたために，過度に保守的な姿勢を戒める文書が当局から発出されました。

極度の心配性は監査人の職業病といえるかもしれません。

POINT!

監査人は極度の心配性であることを理解する。

(2)　監査人は極度の心配性（その２）

それでは，心配性の監査人とはどのように付き合えばよいのでしょうか。余計な心配をかけないためには，例えば，以下のような点に留意することが必要です。

〈監査人への説明〉

正々堂々とした態度で，淀みなく説明します。

〈監査人への提出資料〉

内容や数値の整合性を確認したうえで，できるだけ早期に提出します。

〈会議体の議事録〉

経理部署において事前に目を通し，発言の真意や背景などを確認しておきます。

〈監査人による担当部署へのヒアリング〉

監査人からの質問事項に対する回答の方法や内容について，担当者と事前に打ち合わせを行います。

決して「見栄を張れ」「つじつまを合わせろ」などと言っているわけではありません。まずは，適切な資料づくりを行ったうえで，監査人に無用の心配をさせないために，より慎重な対応が望まれるということです。

POINT!

監査人を心配させないように，
事前準備や堂々とした態度を心掛ける。

2－5 監査役との情報交換

監査法人は監査役会に対し，期末決算に関する監査報告会を開催することになりました。

監査報告会に臨むにあたり，経理部署に所属するあなたは，事前の準備として監査役に何かすべきことはないでしょうか。

ヒント

監査役に対して，あらかじめ会計上の検討課題を説明しておくことが必要です。

解答例

監査役は必ずしも直近の会計上の検討課題に明るいわけではありません。監査役に検討課題についての予備知識がなければ，監査法人と十分に協議を行うことができません。

したがって，経理部署としては，決算期ごとに検討課題について，その内容，会社としての見解，検討課題ごとの重要性などについて，事前に監査役と情報交換を行います。監査報告会が四半期決算ごとに行われる場合は，監査役との事前打ち合わせも年４回実施されることになります。

検討課題について，監査役会が経営層と同じ土俵に立つことにより，監査役会と監査法人との協議がより有意義なものとなり，結果として，会社のガバナンス強化が図られることになります。

解説

(1) 監査役との関係

監査人は，監査役もしくは監査役会，監査等委員会または監査委員会（以下，単に「監査役」といいます）と適時適切なコミュニケーションをとることが義務づけられています。具体的には，四半期ごとに監査（レビュー）結果を監査役宛てに報告するほか，適宜必要な協議を実施します。

ただ，監査人と監査役は必ずしも対等の関係ではありません。

監査人は，会計・監査上の検討課題について経営層，現業部署，経理部署などから詳細な情報を入手していますし，会計のノウハウにも秀でています。

一方，監査役については，それほど社内情報が集まらない場合もあり，「コミュニケーション」といいながら，監査人から監査役への一方的な情報伝達となってしまう可能性もあります。

そのため，経理部署から検討課題や直近の決算数値などについて，適時に監査役に提供することで，監査役の理論武装を図ります。監査役と緊密に連携することにより，監査役が監査人と対等の関係で臨むことができ，双方向の協議が可能となり，会社のガバナンス強化が図られます。

経理部署は決算数値を扱い，経営層や経営企画部署などとも近い関係にあるため，社内情報が集まります。これらの情報を含めて積極的に監査役に提供することが必要なのです。

なお，監査人監査と監査役監査に内部監査を加えて三様監査といいますが，三者の連携により，さらなるガバナンス強化を目指します。

POINT!

監査役への情報提供により，

監査人との対等なコミュニケーションを図る。

監査制度

3－1 四半期決算・レビュー

3月決算会社の経理部署に所属するあなたは，6月開催の株主総会も無事終わり，休む間もなく第1四半期の決算を迎え，忙しい日々を送っています。部署内での期末決算の振り返りや勉強会の開催などを考えていますが，なかなか時間が取れません。

「四半期決算が導入されて以降，1年中決算作業に追われている気がするけど，まぁ，しょうがないか」とも思っていますが，何か行動を起こすことができるでしょうか。

ヒント

会計制度については，批判的な姿勢も必要です。

解答例

会計基準を含む会計制度は安易に受け入れるのではなく，例えば，四半期決算・レビューについては，これらが本当に必要かどうかを批判的に考えてみる必要があります。

自分なりの見解があれば，社内の関連部署，監査法人，機関投資家，金融機関などといった関係者にぶつけてみてください。

経理パーソンが考える癖をつけることはとても大切なことであり，もし，賛同が得られれば，自らの励みにもなります。

また，情報発信という意味では，自己の見解をネットや雑誌に投稿するのも一法かと思います。

会計制度はそのまま受け入れるのではなく，これに批判を加え，周囲に情報発信することが必要です。

解説

⑴　監査とレビュー（その１）

期末決算においては監査人による期末監査が実施される一方，四半期決算においては四半期レビューが行われます。

期末監査は「Full Audit（フルオーディット）」といわれ，さまざまな監査手続が実施されるのに対し，四半期レビューは監査の効率性を重視し，比較的限定的な手続が行われます。

具体的には，まず四半期レビューにおいては，「実査，立会，確認」といった監査手続が省略されます。これらの監査手続は，より客観的・直接的な監査証拠を入手するために実施されるのですが，それなりの手間を要するため，四半期レビューでは行われません（【ケーススタディ５－４】⑵「監査人の目の付けどころ（その２）」参照）。

また，四半期レビューにおいては，契約書，納品書，請求書などといった外部証憑まで遡ることはせず，主として担当者への質問や趨勢分析，比率分析といった分析的手続などが実施されます。

一方，四半期報告書については，四半期決算短信との重複回避が議論され，四半期決算短信に一本化するための金融商品取引法の改正が行われる予定です。しかしながら，四半期開示の是非そのものについての議論は十分には行われていません。実際，上記の法改正に際しても，結局は四半期決算短信は廃止されず，任意ながら四半期レビュー制度も据え置きとなりました。

そもそも日本人は「稲穂が実って，首を垂れて，初めて収穫期を迎える」農耕民族であり，年に４回も稲の育ち具合を確かめる必要はないというのが筆者の見解です。四半期開示は「日々，獲物を追いかけ回す」狩猟民族たる欧米人の発想であり，日本人には馴染まないのではないでしょうか。

投資家サイドの立場から，一貫して「四半期開示は必須」という論調が優勢のようですが，少なくとも会社や監査人の立場からは，従前のような中間財務諸表の開示が望ましいのかもしれません。

POINT!

四半期決算・四半期レビューは必要かどうかを考えてみる。

⑵　監査とレビュー（その２）

四半期開示の必要性について，各ステークホルダーの立場から考えてみます。

〈会社〉

年４回も決算を行うと，年がら年中，決算に携わっているような感覚です。

四半期決算導入前の中間決算が制度化されていたときは，年２回の決算ですから，その合間の閑散期に集中的に研修を実施したり，会計処理や開示について思考を巡らすことができました。

四半期開示では決算作業のみに追われ，「考える」経理が難しくなっています。

〈監査人〉

四半期レビューは期末監査より監査の深度が不十分です。質問や増減分析などといった監査手続に留まり，監査証拠の収集は十分には行われません。だからこそ監査ではなくレビューなのです。また，会社と同様に，研修時間も十分に確保することができません。

一方，中間監査は期末監査に準じた深度で監査が実施されますので，年に２度，監査実務の経験を積むことができ，監査人の育成に適しています。

ただし，四半期レビューの廃止に伴う監査報酬の減少というデメリットを考慮する必要があります。

〈投資家〉

投資家は，より多くの情報を求める気持ちはわかりますが，コストをまったく負担していません。受益者負担という考えに基づけば，一定のコストを負担すべきと考えます。

いたずらに四半期開示の必要性を訴えるのではなく，コストと便益を比較衡量したうえで判断すべきです。

POINT!

四半期開示は，会社や監査人における深度ある業務を妨げるおそれがある。

ケーススタディ

3－2 不正の見極め

あなたの会社で違法行為の疑いのある取引が行われているとの内部通報があり，世間の知るところとなりました。会社の決算や財務報告に係る内部統制に直接影響を及ぼすような事象でもなく，そもそも金額的な重要性も乏しいものと考えられましたが，コンプライアンスの観点から，顧問弁護士にも相談しながら社内調査を進めています。

そのような状況下においてもなお，監査人は役員や担当者への質問，証憑書類の閲覧など，さまざまな監査手続を要請してきており，現場からは過重な監査対応のため，業務に支障が生じているといったクレームが発生しているようです。

念のため，監督官庁にも問い合わせましたが，特に報告や相談などの必要はないとの回答を得ています。

経理部署のあなたに何か打つ手はあるのでしょうか。

ヒント

いわゆる会計不正とは異なり，単なるコンプライアンス上の課題と判断される場合は，監査人の勇み足かもしれず，監査人との十分な協議が必要です。

解答例

いわゆる会計不正については，財務報告に係る内部統制上の対応を含めて，経営層や経理部署による主体的な取組みとともに，監査役，監査人などとの緊密な連携が必要となります。

一方，会計不正に該当しないことが明らかな場合は，監査人と追加の監査手続を実施するかどうかについて協議します。

監査人には，たとえ会計不正とは無関係であっても，経営者との協議や会社が法令上の責任を理解しているかどうかの検討などの義務が課せられています（日本公認会計士協会倫理規則実務ガイダンス第1号「倫理規則に関するQ&A（実務ガイダンス）」）。とはいえ，違法行為の重要性，すなわち投資家の投資意思決定をはじめとする各ステークホルダーへの影響に鑑みても，特段の重要性が認められない場合もあります。

そもそも，本則の適用に際しては，一般常識や社会通念といったものにより判断されるべきと考えられます。必要に応じて当局や外部弁護士の見解を踏まえ，社外取締役や監査役を含めて社内で十分に議論を尽くしたうえで，特段の問題なしと結論付けられれば，ことさら追加の監査手続を実施する必要はないものと判断されます。

解説

(1) 不正対応

☞ 通信簿(2)①

例えば，通報により違法行為などの不正が発覚する場合がありますが，どのように監査人との協議を進めたらよいのでしょうか。

監査人によっては，当局との距離感をつかみ切れず，当局を意識するあまり，どうしても慎重になり過ぎてしまい，「石橋を叩いて壊してしまう」ようなこともあります。

この場合，まずは，発覚した不正が会計不正に該当するかどうかについて見極めることが必要です。

発覚した不正について，粉飾決算や資産の流用といった会計不正の可能性が認められない限り，経理部署として監査人との協議は特に必要はなく，あとはコンプライアンス上の課題が残るだけです。

違法行為などの不正が会計不正に該当するのか，単なるコンプライアンス上の課題となるのかについて，会社としての見解を整理したうえで監査人との協議に臨むことが必要です。

POINT!

違法行為などの不正については
会計不正に該当するかどうかを見極めたうえで監査人と協議。

⑵　内部統制監査（その１）

内部統制監査は，粉飾決算や資産流用などの会計不正の防止を図ることを目的として制度化されています。しかしながら，内部統制監査を含む財務報告に係る内部統制に関する法令は，時として「天下の悪法」というような言われ方もされています。

本制度に準拠するために，社内手続の整備や文書化に膨大なコストがかかり，監査法人による内部統制監査もそれなりの負担感があります。それにもかかわらず，会計不正は一向に減る気配はありません。

本制度の意義が曖昧になるに従い，不祥事としてマスコミに取り上げられれば内部統制上の重要な不備として取り扱うという「マスコミ基準」があるという話すら，まことしやかに囁かれています。

内部統制監査について，米国においては一定規模以下の企業に対しては適用が免除されていますが，わが国においては規模の大小にかかわらず一律に義務化されています。特に，ベンチャー企業などの規模の小さな会社であれば，組織の末端にまで目が行き届きやすいため，むしろ本制度が企業成長の妨げにもなりかねません。

本制度については現在見直しが図られていますが，あくまで微修正にとどまっており，少なくとも一部の内部統制や内部統制監査は「負担軽減のために，大幅に見直すべき」という意見もあるようです。

POINT!

財務報告に係る内部統制は適度な範囲で。

3－3　必須の内部統制

経理部署に所属するあなたは，監査法人から売上債権の回収手続に係る業務プロセスの不備を指摘され，決算数値に直接影響を及ぼす可能性が高い不備として，業務プロセスの改善を強く要請されました。

財務報告に係る内部統制には，重要なものとそうでないものがあると考えていますが，今回の指摘については，どの程度踏み込んで検討すべきでしょうか。

ヒント

決算数値に直接影響を及ぼす内部統制の不備については重点的に取り組みます。

解答例

販売手続に係る内部統制は決算数値に直接影響を及ぼします。例えば，売上債権の回収手続に関する不備は，貸倒引当金を含む決算数値に直接影響を及ぼす可能性が高く，早急に改善に着手する必要があります。

財務報告に係る業務プロセスのうち，特に販売・購買・在庫管理などの業務プロセスについては，経理部署においても十分に理解しておく必要があります。このうち，例えば販売手続であれば，受注⇒出荷⇒売上計上⇒請求⇒回収といった一連の業務フローにおいて，

- 業務フローは流れているか（フローチャートが切れていないか）
- 証憑間の突合は行われているか
- 証憑類は適切に保管されているか

などといった観点から，内部統制の整備・運用状況を確認します。

解説

(1)　内部統制監査（その２）

内部統制監査を含む財務報告に係る内部統制に関する法令のすべてが無駄といっているわけではありません。財務報告に係る内部統制のうち，決算業務に直接関連する内部統制として，特に以下が重要です。

〈業務プロセスに係る内部統制〉

業務プロセスに係る主要な内部統制として，販売管理，購買管理，在庫管理などに係る内部統制があります。

信頼しうる財務データは，これらの信頼しうる業務データを基礎として作成されます。例えば，販売管理に係る内部統制に不備があれば，売上金額の適正性に疑義が生じてしまいます。

決算が適切に実施されるためには，これらの業務プロセスに係る内部統制についての重要な不備は許されないのです。

〈決算・財務報告プロセスに係る内部統制〉

決算・財務報告プロセスに係る内部統制についての重要な不備も致命的です。

具体的には，経理要員や専門能力の不足などが挙げられます。経理要員が不足している会社も多いかと思いますし，頭数は揃っていても経理スキルが不足している場合もあり，いずれにせよ早期の改善が望まれます。

POINT!

業務プロセス，決算・財務報告プロセスに係る内部統制は不可欠。

ケース
スタディ

3－4　財務諸表の作成責任

あなたは繰延税金資産計上の基礎となる事業計画の合理性を検討するに際し，監査人からいろいろなアドバイスをもらっています。

事業計画の根拠に係る具体的な文書化については，監査人にお願いしようと思いますが，特に問題はないでしょうか。

ヒント

会計上の検討課題については，会社自ら文書化することが必要です。

解答例

会社は財務諸表を作成する責任を負っており，会計上の検討課題についても自ら文書化することが必要です。

事業計画の根拠に係る監査人への説明を口頭で済ませ，監査人が監査調書として文書化するようなケースも散見されますが，事業計画の根拠は会社自ら書面化しなければなりません。

財務諸表の作成責任は会社にあるのに対し，監査人は財務諸表に対する監査意見に対して責任を負います。これを二重責任の原則といい，会社の財務諸表作成責任については，会社が監査人宛てに提出する「経営者確認書」上で明確に表現されています。

解説

(1)　経営者確認書

経営者確認書とは，監査人が監査報告書を提出するに際して，経営者から入手する書類をいいます。財務諸表の作成責任は経営者にあること，監査を実施するにあたり必要な資料をすべて監査人に提出したことなどが記載されます。

経営者確認書を作成する目的は，経営者の「財務諸表作成責任」と監査人の「監査意見に対する責任」とを明確に区別することにあります（日本公認会計士協会ホームページ「会計監査用語解説集」参照）。

経営者確認書については，監査人による表現が適切でなかったり，決算や監査には直接関係がない事項まで言及されているような場合があるため，会社は内容を検討のうえ，必要に応じて修正や削除を監査人に要請します。

なお，経営者確認書は外部に開示されることはなく，特段の拘束力もないため，筆者は監査法人時代にクライアントから「監査人の保身のために作成されているのではないか」と詰問され，その意義を丁寧に説明せざるを得なかったこともありました。

POINT!

経営者確認書の記載内容について確認する。

3－5　検討課題の文書化

監査人から，繰延税金資産計上の基礎となる事業計画の合理性について説明してほしいとのリクエストがありました。

あなたは事業計画の作成担当部署に対して，どのような手段で説明すべきかを伝えますか。

ヒント

会社の主張は監査の円滑化のためにも，なるべく文書化することが必要です。

解答例

会計上の検討課題に関する会社の見解については文書化が必要です。監査人に事業計画の合理性を理解してもらうためには，計画数値がどのように積み上げられたかについて，景気動向，マーケット，自社の経営戦略などと整合させたうえで，説得力のある事業計画づくりを心掛けます。

そのうえで，事業計画の根拠を適切に文書化し，監査人に提示します。例えば，販売計画であれば，市場動向，シェア，価格戦略などを前提として，数値を用いて記載します。また，アウトソーシングの活用，他社との事業提携などの各種施策についても具体的な数値に落とし込みます（【ケーススタディ２－４】「監査人の特質」参照）。

会社作成の説明文書に基づいて，監査人が事業計画の合理性に同意すれば，この文書を利用して審査員に説明することになります。

事業計画の合理性は一般的に審査上の重要課題であり，適切な文書化によって監査や審査がはかどり，結果として円滑な決算手続にも資することになります。

解説

(1) 監査調書

監査調書とは，監査人が監査意見を表明するために，監査計画，実施した監査手続の内容や発見した問題点，関連資料，結論などを文書化したものをいいます（日本公認会計士協会ホームページ「会計監査用語解説集」参照)。

監査調書は監査手続が適切に実施されたことを立証する資料でもあり，金融庁検査や裁判の証拠資料ともなります。

したがって，どれほど監査手続が実施されたとしても，監査調書として作成されていなければ，監査人は「何もしていない」ものとみなされます。監査手続が適切に実施されることと同様に，実施された監査手続が適切に文書化されることが必要なのです。

会計処理や開示に係る会社の判断に対して，監査人がその妥当性を検証したうえで監査調書を作成するのですから，会社により判断結果に至るプロセスが文書化されれば，それだけ監査調書の作成負担が軽減されることになります。

財務諸表の作成責任という観点からのみならず，監査手続の円滑化のためにも，会社自ら判断内容を文書化することが望まれます。

POINT!

判断内容の文書化により，監査手続を円滑化する。

⑵　審査とは

審査とは，監査チームが実施した監査業務について，監査チーム以外のメンバーがその妥当性を確かめることをいいます。審査員は，監査調書の閲覧や監査チームへの質問などにより，実施された監査手続，判断，監査意見が適切かどうかを検討します（日本公認会計士協会ホームページ「会計監査用語解説集」参照）。

審査員により監査業務が妥当と認められて，はじめて監査チームは監査意見を表明することができます。監査業務について審査員に納得してもらえなければ，追加の監査手続が要請されたり，場合によっては監査チームの結論が否認されてしまうケースもあります。

監査チームによる審査員への説明が円滑に行われるためにも，監査チームに対して論理的，かつ，わかりやすい資料を提供することが必要です。

POINT!

審査員が納得するような資料を監査法人に提供する。

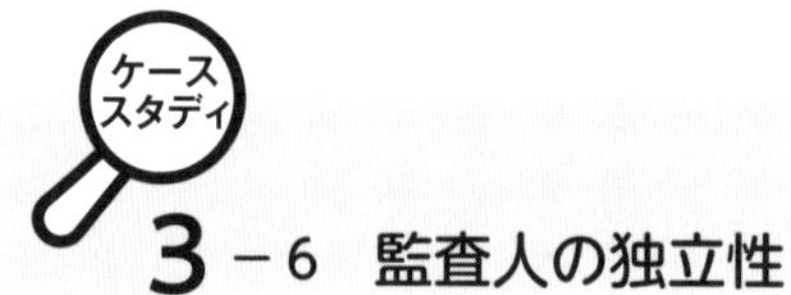

3－6　監査人の独立性

経理部署に所属するあなたは，上司から「決算も無事終わったので，懇親を兼ねて監査人と慰労会を開催するのはどうだろう？」と言われました。

あなたはこの提案を引き受けますか。

ヒント

監査人は，クライアントからの贈答や接待に応じることはできません。

解答例

監査人は公正不偏の態度を保持するために，クライアントから贈答や接待を受けることが禁じられています。例えば，クライアント持ちでの酒席やゴルフに参加することはできません。

監査人はクライアントからの独立性が求められるのです。

もちろん，割り勘であれば懇親会を開催することができますので，節度あるお付き合いを心掛けてください。

解説

(1)　監査人の接待（その１）

監査人を接待することは可能でしょうか。

答えは「ノー」です。

監査人には，クライアントからの高度な独立性が求められます。具体的には，まずは監査人が監査業務に決して手心を加えることなく，「公正不偏の態度」を保持するという監査人の心の持ちようが問われます。

一方，例えば，クライアントから高額な物品や接待を受けるなどといった，監査人の独立性について無用の疑念が生じるような行為を回避するという「経済的な独立性」の確保も必要です。

前者を精神的な独立性，後者を外観的な独立性といい，監査人は双方の独立性を保持していることが求められます。

だいぶ前の話になりますが，筆者が監査法人に入所してしばらくの間は，ごく普通にクライアントによる接待が行われていました。接待の際にお土産をいただいたり，中元・歳暮の類も珍しくはなかったように思いますが，監査の厳格化に伴い，監査法人のルールとして，これらの行為が一斉に禁止されました。

ただし，あまりに独立性の確保を厳格にしてしまうと，相互のコミュニケーションにも支障をきたしてしまうこともありますので，監査人とのお付き合いにはバランス感覚が必要です。

監査人との食事自体が禁止されているわけではなく，むしろ円滑なコミュニケーションを図ることができるならば，双方に有益といえます。監査人との節度あるお付き合いを心掛けてください。

POINT!

贈答や接待は禁止。

ただし，コミュニケーションは大いに図るべき。

⑵　監査人の接待（その２）

監査人の独立性が問われる場面として，前述の贈答や接待のほか，アドバイザリーその他の非監査業務が提供されるケースがあります。監査人による非監査業務に係る報酬があまりに高額になると，監査人の外観的な独立性に疑義が生じることになるのです。

米国で発生した，いわゆる「エンロン事件」は，監査人が監査報酬を超える巨額の非監査報酬を受け取っていたために，適切な監査が十分に行われず，エンロン社はその後，粉飾決算が発覚し，破綻してしまいました。この事件を契機として，監査人のグループ会社を含む監査報酬と非監査報酬の開示が義務化されました（【ケーススタディ７－３】⑴「監査法人のグループ会社（その１）」参照）。

近時においても，日本公認会計士協会が定める倫理規則が改正され，監査報酬関連情報に係る透明性の向上を目指し，より一層の独立性強化が図られています。

しかしながら，前述同様，あまりに独立性の確保を厳格にすると，業務に支障が生じかねないため，やはり，監査人とのお付き合いにはバランス感覚が必要となります。

例えば，IFRSの導入やサステナビリティ関連の情報開示などについては，監査人はクライアントの状況に精通しているため，グループ会社を含めて，アドバイザーとして有力な候補となります。しかも，IFRSやサステナビリティ情報などは将来的には監査対象となるでしょうから，監査人による早期の関与が望まれます。

さらに付け加えれば，監査人の発言に対しては，会社のどの部署の担当者であってもよく耳を傾けます。「親の言うことは聞かないが，友人の話はよく聞く」といった類の話でしょうか。

いずれにせよ，大いに監査人を利用して，ノウハウを積極的に吸収すべきです。

POINT!

監査業務と非監査業務とのバランスに留意しつつ，
監査人を大いに利用する。

監査法人

4－1　シニア・スタッフとのお付き合い

監査法人のシニアのＫさんは親切な人で，会計処理のことでわからないことがあれば，いつでも丁寧に答えてくれます。聞けば何でも教えてくれるため，経理部署のあなたは，ついＫさんに頼ってしまいます。

このままで問題はないでしょうか。

ヒント

会計上の検討課題については，自ら調べ，検討すべきです。

解答例

会計処理や開示といった会計上の検討課題については，経理担当者自らが会計基準を含む法令などに当たり，自らの見解を導きます。個々の検討課題に対して，決して監査法人に丸投げせず，例えば「会計監査六法」を手許に携え，自ら調べ，検討を加える癖をつけるのです。

こうした着実な積重ねこそが経理スキルの向上につながります。

監査人は向上心が高いうえに真面目な人が多く，そういった面々と議論を交わすことで双方の刺激ともなり，お互いを高め合うことになります。

解説

(1)　組織体制

監査法人の組織体制を理解することも有用です。

監査法人によって若干呼称が異なりますが，監査法人は，その出資者であるパートナーを頂点とする組織であり，監査業務に当たる監査チームも以下のようにパートナーをトップとして組成されます。

若手の経理パーソンの場合は，監査チームのシニアやスタッフとお付き合いする機会が多いかと思われます。シニアやスタッフは公認会計士試験をパスして間もないこともあり，日々監査業務や研修を積み重ねており，いわば修業中の身です。若手の経理パーソンも経理業務や自己学習を通じてノウハウを蓄積していけば，対等に渡り合うことも難しいこ

とではありません。監査法人の若手とよきライバル関係を築きつつ，自己のスキルを磨くことが大切です。

POINT!

監査法人の若手と切磋琢磨し，お互いの成長を図る。

⑵　パートナーとは

前述したように，監査法人はパートナーを頂点とする組織であり，パートナーは出資者でもあります。したがって，監査法人に所属する限りは，監査人はパートナーを目指すことになります。それでは，パートナーに求められる資質とはどのようなものでしょうか。

これが正解というものはないかもしれませんが，例えば，以下のような資質が求められると考えられます。

〈判断力・決断力〉

まずは，会計・監査上の課題について，適時，かつ適切に判断し，決断することができるかどうかが重要です。そのためには，多くの実務経験を積むことが求められます。

実務経験は，ある意味「質より量」がものをいいます。できるだけ多くの課題に対処することで，監査人としての経験値を蓄えます。

この点，経理パーソンも同様であり，スキルアップのためには，できるだけ多くの課題に当たります。

〈交渉力〉

監査法人の主張について，経営層や監査役などに納得してもらうことが必要です。交渉相手の事情も配慮しつつ，落としどころを見つけて協議を重ねます。説明の巧拙はもちろん，監査人としての胆力が問われる場合もあります。

〈フットワーク〉

フットワークの軽さも重要です。例えば，新しい仕事に前向きだとか，クライアントや上司へのレスポンスが早いなどといった姿勢が求められます。

この点については，監査法人に限らず，一般の事業会社でも求められる資質かもしれません。

POINT!

会計スキルは「質より量」。
監査人と同様にできるだけ多くの経験を積む。

ケース
スタディ

4－2　監査メンバーの交代

監査法人のスタッフのOさんは，当社の担当となってからまだ2年足らずですが，担当会社数が増えて業務負担が大きくなったため，監査チームを外れることになりました。

Oさんの代わりにSさんが担当となりましたが，以前Oさんに伝えたことと同じような質問をしてきます。それに，どうもSさんの質問は要領を得ず，的外れな発言も多く，会社の決算業務に支障が出かねない状況です。

経理部署の責任者であるあなたは，どうしたらよいのでしょうか。

ヒント

監査チームのメンバー交代などで決算業務に支障が生じる場合は，監査法人にクレームを伝えます。

解答例

監査チームのメンバー交代については，ある程度はしかたのない場合もありますが，頻繁にメンバー交代が行われると，同じような質問が繰り返されるなど，決算業務が非効率となる場合があります。

このような場合，メンバーの固定化や適切な引継ぎを監査法人に要請します。

一方，監査担当者の能力や経験が明らかに劣っていることなどにより決算業務に支障が生じるような場合は，メンバーの交代を要請します。たとえそれが監査責任者であっても，メンバーとして不適格と判断すれば，交代を要請します。

ただし，多少の出来不出来はお互い様ですから，決算業務に重大な支障が生じるときに限られることに留意してください。

解説

⑴　シニア・スタッフとは

☞ 通信簿⑷⑥

スタッフは個々の監査項目の担当者，シニアは現場監督と前述しましたが，公認会計士になるような面々は，もともと独立志向が強かったり，監査法人以外に活躍の場を求めるケースも多いので，退職率は高めです。加えて，近時における監査の厳格化により業務負担が急激に増えたため，退職者の増加に歯止めが効かないようです。

いわば，シニア・スタッフの「回転期間」が短いため，監査チームにおけるメンバーの固定化も難しくなっており，頻繁に監査チームのメンバーが変更される場合も少なくありません。特に，コアとなるようなメンバーの交代については，非効率な監査を招きかねません。

会社としては，頻繁なメンバー交代については，以下のように対処します。

〈黙認せずに監査法人にクレームを伝える〉

「どうせ会社は文句を言わない」などと舐められてはいけません（【ケーススタディ５－７】⑴「監査法人へのクレーム」参照）。言うべきことははっきり伝えます。

〈後任者への引継ぎはしっかりと実施してもらう〉

繰り返しの説明はできるだけ回避したいものです。引継ぎを行っても後任者があえて同じ説明を求める場合もありますが，基礎的な業界知識や事業内容などを聞いてくるとすれば，論外です。

POINT!

監査チームでのメンバーの交代が頻繁なら，クレームを伝える。

4－3　大手監査法人

あなたの会社は，ある大手監査法人と上場以来，長年にわたり監査契約を締結しており，監査報酬は少々割高と感じていますが，その他については，特段の不満もありません。

経費削減が厳しく求められている折，別の大手監査法人から，現状から大幅に値下げした監査報酬での監査契約の提示がありました。担当者の印象もまずまずです。

このような場合，監査契約の見直しを進めるべきでしょうか。

ヒント

大手監査法人の監査品質には，それほどの差異が認められないため，見直しも選択肢の１つです。

解答例

自社の監査報酬に割高感を持たれているケースは少なくないと思われます。事あるごとに監査法人は値上げを要請し，上場以来のお付き合いということで，監査法人の言うままに値上げを容認してきたのかもしれません。

このような場合，監査契約の見直しも選択肢の１つです。

特に，大手監査法人の場合，提供される監査の品質については，監査法人間でそれほどの差異は認められないため，監査法人からアプローチがある場合はなおのこと，監査契約の見直しも十分検討の余地があります。大手監査法人が採算度外視で監査契約を提示することは考えづらく，たとえ大幅な値下げであっても，採算上，特に問題はないと考えているはずです。

担当者との相性もまずまずなのですから，見直しの余地も十分にあるのではないでしょうか。

解説

(1) 大手監査法人とは（その１）

☞ 通信簿(3)④

大手監査法人とはEY新日本，トーマツ，あずさ，PwCあらたの４法人をいい，各々が海外の４大会計事務所（EY，DTT，KPMG，PwC）と提携し，グローバルなネットワークを築いています。

大手監査法人はそれぞれ特色がありますが（後述(2)「大手監査法人とは（その２）」参照），監査手続や品質については，以下を理由として，それほどの差異は認められません。

したがって，監査人を選択するための判断材料としては，担当者の印象や海外進出先における会計事務所の有無ぐらいでしょうか。

〈ビジネスモデルは変わらないこと〉

監査基準は国際的な統一化が図られ，監査手続は万国共通といっていいかもしれません。また，大手監査法人の主たるコストである人件費もほぼ横一線で，監査報酬の水準も大差ないものと考えられます。

〈いわゆる規制業種であること〉

監査業務と非監査業務の同時提供の禁止，守秘義務の遵守など，監査法人に対する各種規制が公認会計士法上，定められています。また，当局による厳格な検査を毎年受けています。

〈一定水準の監査品質が確保されていること〉

大手監査法人においては，監査手法が確立し，監査業務に対して上長によるレビューが実施され，法人内の研修が定期的に行われ，組織的に構成員に対する監査スキルの底上げが図られています。

また，提携先の４大会計事務所が提携事務所に対して監査品質の向上を図っています。

POINT!

大手監査法人の監査業務に大差はない。
担当者の印象や海外の提携先などを勘案して選択する。

⑵　大手監査法人とは（その２）

大手監査法人であるEY新日本，トーマツ，あずさ，PwCあらたについては，それほどの差異はないと述べましたが，まったく同一というわけでもなく，やはり固有の組織文化・風土といったものがあるものと考えられます。

４法人の特色や筆者の印象は以下のとおりですが，どのメガバンクがクライアントであるかによっても，その特色が出るのかもしれません。メガバンクは，かつては，いわゆる財閥系のグループ企業の中でも中心的な存在であり，メガバンク誕生の際に，それぞれどの監査法人と監査契約を締結するかは，グループ企業の監査契約にも影響を及ぼすこともあり，監査法人にとって死活問題でした。

〈EY新日本有限責任監査法人〉

最も古株の監査法人です。業界のサラブレッドというイメージです。

メガバンクのクライアントはみずほ銀行です。

〈有限責任監査法人トーマツ〉

非監査業務の獲得により急成長した法人です。構成員に営業マインドが染みついているイメージがあります。

メガバンクは三菱UFJ銀行です。

〈有限責任 あずさ監査法人〉

優良クライアントを抱えていることもあり，積極果敢な営業姿勢は取っておらず，よくいえば堅実，悪くいえば地味なイメージです。

メガバンクは三井住友銀行です。

〈PwCあらた有限責任監査法人〉

上記の３法人が合併を繰り返して誕生したのに対し，海外の大手会計事務所であるPwC単独で設立された法人です。外資色が強く，正統派の監査業務が行われているイメージです。

メガバンクやそのグループ企業がなく，それだけ小規模となります。

POINT!

サラブレッドのEY新日本，営業のトーマツ，
堅実なあずさ，正統派のPwCあらた。

4－4　大手監査法人の特徴

あなたの会社は比較的規模の小さな監査法人と監査契約を締結しています。

近年，自社の成長が著しく，念願の海外進出も果たしました。いずれ海外拠点の監査が必要になると考えられます。また，規模の拡大に伴い，管理業務が手薄になってきており，監査法人に対しては内部統制に対するアドバイスも期待しています。

なお，監査法人の担当者は，例えばサステナビリティやESGなどといった専門分野についてはそれほど詳しくはないようで，会社の質問に対する回答も十分とはいえません。

このまま，今の監査法人とお付き合いしてもよいのでしょうか。

ヒント

会社の規模拡大に伴い，より規模の大きな監査法人との監査契約を検討します。

解答例

会社の規模が大きくなるにつれて，より多くの拠点事務所や人員を抱えるような監査法人とのお付き合いが必要となります。

海外子会社については，海外の会計事務所と提携している監査法人であれば，効率的な監査業務が期待できます。また，管理体制の強化については，グループ会社による支援も期待できますし，さらに，専門分野に対するエキスパートも在籍しています。

これらを踏まえると，会社はより規模の大きな監査法人との監査契約に切り替える時期に来たのかもしれません。

ただし，大手監査法人の監査報酬は押しなべて高額です。自社が将来的にも高額な報酬負担に耐えられるかどうか，十分に検討することが必要です。

解説

(1) 大手監査法人のメリット（その１）

☞ 通信簿(3)①，②，④

監査法人を選択する場合，大手監査法人か中小監査法人かという選択肢があります。

【ケーススタディ４－３】(1)「大手監査法人とは（その１）」に記載のように，大手監査法人とはEY新日本，トーマツ，あずさ，PwCあらたの４法人をいいますが，結論からいえば，まずは「一定の監査水準が確保されている」という点で，やはり大手監査法人に分があります。

構成員の資質そのものに大手監査法人と中小監査法人との間に差があるわけではありません。しかし，大手監査法人の場合，顧客である上場会社や公認会計士を多数抱え，取引規模や財政規模も大きく，経営の安定性が確保されていることを基盤として，監査業務を通じて監査のスキルを向上させるしくみが整い，研修制度も充実し，監査チームの監査業務をチェックする審査機能も組織化されているなど，組織力を活かした監査品質の向上が図られているといえます。

また，大手監査法人は，金融庁から公表された「監査法人のガバナンス・コード」を先んじて適用し，日本公認会計士協会が定める上場会社監査事務所登録制度に基づき，同協会による品質管理レビューを受けています。さらに，金融庁検査により監査業務に対する定期的なチェックも行われ，パートナー交代（ローテーション）の厳格な適用により監査のマンネリ化も回避されています。

結局，中小監査法人との比較において構成員の力量に差はないものの，監査品質の確保という点で，大手監査法人では，粒揃いではないにせよ全体としてのレベルアップが図られ，総じて大きな「ハズレ」はないといえます。

この点，監査品質において一定の信用力を保持しているといえるため，例えばファンドの監査や株式上場に際して，大手監査法人との監査契約の締結が要請される場合も多いようです（【ケーススタディ４－６】⑵「株式上場時の監査法人選択（その２）」参照）。

POINT!

組織力を活かして監査品質が保持されている点で
大手監査法人が望ましい。

⑵　大手監査法人のメリット（その２）

☞ 通信簿⑶③，⑤，⑥

その他，大手監査法人を選択するメリットとして以下のような点があるほか，ホームページや出版物なども充実しています。

〈海外対応〉

【ケーススタディ４－３】⑴「大手監査法人とは（その１）」に記載のように，大手監査法人はそれぞれ海外の会計事務所と提携し，グローバルなネットワークを有しています。このネットワークを通じて，クライアントの海外子会社などについて，現地会計事務所による監査を受けることができます。

〈会計関連情報の入手〉

上記のネットワーク，また当局，会計士協会，国内外の関係諸団体への人材派遣などを通じて，会計のみならずサステナビリティ関連を含む会計周辺業務に係る最新の情報入手が可能となります。

〈サービスライン〉

監査法人のグループ会社として各種の法人が設立され，以下のようなサービスを提供しています（【ケーススタディ７－３】⑴「監査法人のグループ会社（その１）」参照）。

- 税務対応
  グループ内に税理士法人を有し，監査・税務の一体的なサービスの提供を図っています。
- アドバイザリー対応
  アドバイザリー会社を有し，例えばIFRSやサステナビリティ関連などの会計周辺業務に係るアドバイザリー・サービスを提供しています。
- その他
  コンサルティング，法務，不正対応などを担う法人が設立されています。

> **POINT!**
>
> **海外対応や情報収集力などの点でも**
> **大手監査法人が望ましい。**

⑶　大手監査法人のデメリット　　☞ 通信簿⑸③

それでは，大手監査法人のデメリットとして，どのような点があるのでしょうか。

〈高額な報酬〉

とにかく，監査報酬が高額であることが第１のデメリットです。

大手監査法人は人件費が割高であるほか，人材やIT投資に資金を惜しまず，海外の会計事務所とのネットワークに対してもロイヤリティを支払っています。これらのコストを賄うために，必然的に監査報酬は高額となります（【ケーススタディ６－４】⑴「大手監査法人は高額」参照）。

〈契約打ち切り〉

会社の監査リスクが許容限度を超えてしまうような場合，監査契約の更新ができなくなる可能性があります。

特に中小規模会社の場合，ハイリスクな割に監査報酬が安く，「手間ばかり掛かる」ということで，近時，大手監査法人から監査契約が打ち切られるケースが散見されます（【ケーススタディ４－５】⑵「監査人の異動」，【ケーススタディ４－６】⑵「株式上場時の監査法人選択（その２）」参照）。

〈サービスに制限〉

監査の厳格化を背景として，グループ会社である税理士法人，アドバイザリー会社などからの報酬については，有価証券報告書上で開示され，非監査報酬の割合が過大でないかどうかについてチェックを受けています。

また，大手監査法人ではパートナーのクライアントへの関与年数について，より厳しい制限が設けられており，同一の監査人が特定の会社に長期間関与して種々のサービスを提供することはできません。

POINT!

高額な監査報酬と契約打ち切りの可能性が
大手監査法人のデメリット。

4－5　監査人の異動

あなたの会社の事業規模はそれほど大きくはありませんが，ある大手監査法人とは20年来の付き合いです。

最近になって，会社で不祥事が続き，有価証券報告書の訂正報告を行うなど，財務報告に係る内部統制は必ずしも盤石なものとはいえず，監査法人の関与も増加傾向にあります。

あなたは監査法人とのお付き合いに際し，何か留意すべきことはあるでしょうか。

ヒント

監査法人から大幅な監査報酬の値上げが提示されるかもしれません。

解答例

中小規模の事業会社，特にオーナー系のベンチャー企業は一般的に監査リスクが高く，監査の厳格化に伴う監査時間の増加による監査報酬の大幅な値上げが想定されます。

しかしながら，多くの中小企業にとって，高額の監査報酬を負担することは困難です。

近時，大手監査法人から中小監査法人への監査人の異動（監査法人の交代）が散見されますが，多くの場合は中小規模の事業会社であり，「監査報酬は低額であるにもかかわらず，手間ばかり掛かる」ため，どうしても大手監査法人から敬遠されがちです。

監査人異動の理由として，監査期間の長期化が挙げられる場合がありますが，たかだか10年や20年では現場感覚としては長期間といえず，十中八九，監査報酬の負担に耐えきれなくなっての異動ではないかと思われます。

いずれにせよ，来るべき大幅値上げの提示に備えるべく，他の監査法人とコンタクトを取っておく必要もありそうです。

解説

(1) 監査法人のローテーション

近年，監査人の異動が散見されますが，異動理由の１つに監査法人による監査期間の長期化があります。監査期間の長期化による緊張感の欠如，いわゆるマンネリ化が問題となっているようです。

それでは，どのくらいの期間が適切なのでしょうか。

結論からいえば，客観的な指標などはなく，肌感覚でしか判断できません。「10年は短いが，さすがに100年は長い」といった感覚でしょうか。

会社によっては10年程度でも長期間と判断しているケースもあるようですが，監査実務上はさすがに長期間とはいえず，他に異動理由があるのではと勘繰ってしまいます。

上場会社の場合，監査法人自体は代わらないにせよ，公認会計士法上，パートナーの継続監査期間の上限が定められており，会社との緊張感の維持が図られています。

したがって，監査期間については，それほど神経質にならなくてもいいのかもしれません。

POINT!

監査期間には神経質にならなくともよい。

⑵　監査人の異動

☞ 通信簿⑸③

監査人の異動については，従前においては，例えば組織再編を契機として，親会社の監査人と同一にするようなケースくらいでしたが，近年は増加傾向にあります。特に中小規模の会社の場合，以下のようなケースで大手監査法人から中小監査法人への異動が散見されます。

〈会社の監査リスクが高い場合〉

特にベンチャー企業の場合，粉飾決算が行われる可能性も否定できず，大手監査法人は監査契約の更新について及び腰です。

〈監査報酬の値上げが提示される場合〉

監査の厳格化により監査手続は増加傾向にあるため，大手監査法人は大幅な値上げを提示する場合もあるようです。

〈監査法人と見解が異なる場合〉

会社と監査法人との間で見解の相違が生じ，会社がいわば「セカンド・オピニオン」を求めるようなケースです。次々と監査法人が交代するケースもありますが，こうなると，いわゆる「オピニオン・ショッピング」が疑われます。

大手監査法人のほうが望ましいとはいえ，やはり自社の経営体力に見合った監査法人を選択することも選択肢の１つではないでしょうか

（【ケーススタディ４－４】(3)「大手監査法人のデメリット」，【ケーススタディ４－６】(2)「株式上場時の監査法人選択（その２）」，【ケーススタディ６－４】(1)「大手監査法人は高額」参照）。

このような監査人異動の増加を背景として，監査品質に係る中小監査法人の底上げが課題となっています。

POINT!

監査人が辞任を申し出るケースも想定しておく。

ケース
スタディ

4－6　監査法人の選び方

ベンチャー企業の経理担当者であるあなたは，上場準備にあたり，監査法人を紹介してもらいました。１つは大手監査法人，もう１つは中小監査法人です。どちらかに決めようと考えており，先日，両法人からプレゼンテーションを受けましたが，双方とも印象は悪くありませんでした。

さて，どちらの監査法人を選択したらよいのでしょうか。

なお，当社は海外に子会社を有しており，その子会社の監査も必要と考えられます。

ヒント

大手監査法人との契約が望まれますが，自社の経営体力に鑑み，中小監査法人も選択肢に入れるべきと考えられます。

解答例

監査法人とは相性も大切ですので，監査法人に対する印象も判断材料の１つとなります。とはいえ，監査の品質や監査人の指導力に関して，担当者の当たり外れが少ないという点では，大手監査法人に一日の長があります。

上場準備に際しては，経営組織や管理体制の整備などについてのアドバイスを監査法人から受けることになりますが，この点からも平均的な水準の監査人を多く抱える大手監査法人のほうが安心かと思います。

また，大手監査法人は海外の会計事務所と提携しており，海外子会社に対する監査を依頼できますし，証券取引所や幹事証券（上場準備を手掛ける証券会社）からの信任も厚く，特にベンチャー企業については大手監査法人の関与が望まれているようです。

一方，大手監査法人の監査報酬は押しなべて高額であり，株式上場準備の段階ではそれほど高額でなかったとしても，先々において報酬の値上げを要請される可能性があります。

また，ベンチャー企業は一般的にハイリスクで，粉飾決算の事例も散見され，大手監査法人からはどうしても敬遠されがちであり，たとえ契約にこぎつけても，将来的に監査契約が打ち切られる可能性もあります。

そこで，これらを踏まえて，中小監査法人を選択するのも一法です。ただし，その場合であっても，比較的規模の大きな監査法人を選択します。

なお，海外子会社に対する監査については，現地の会計事務所に依頼せず，監査法人による出張ベースでの対応も検討します。

解説

(1) 株式上場時の監査法人選択（その１）

☞ 通信簿(1)①

株式上場の際，監査法人は上場準備会社に対して監査業務を実施するほか，株式上場に必要な経営管理体制についてアドバイスを行います。具体的には，組織・諸規程，販売・購買手続，グループ会社などの整備に関するアドバイスを実施します。

経営管理体制の整備を進めるにあたっては，経理部署をはじめとするバックオフィスが中心となって全社的な支援を仰ぐ必要がありますが，関係各部署からの協力を得ることが難しい場合もあります。

そこで，監査法人の力を借りることになります。やはり，会社の担当者は，外部の第三者の言うことには耳を傾ける場合が多く，これを積極的に利用しない手はありません。

なお，アドバイザリー業務の進め方については，監査人の巧拙で差が生じるため，マネージャークラスのベテラン会計士による指導が望まれます。

一方，幹事証券会社としては，いわゆる大手証券会社を選択することが賢明です。大手証券会社は営業力はもちろん，会社に対する指導力にも秀でています。

株式上場にあたっては，証券取引所の上場審査を通過しなければなりませんが，中小証券会社の場合，指導力不足のために，上場審査ではねられてしまうケースもあるのです（【ケーススタディ２－３】(2)「監査人の指導性」，【ケーススタディ４－７】(1)「監査のメリット」参照）。

POINT!

株式上場に際しては監査法人を積極的に利用する。
証券会社はできれば大手を選択する。

(2)　株式上場時の監査法人選択（その２）

☞ 通信簿(5)③

では，株式上場にあたり，どのような監査法人を選択したらよいのでしょうか。

証券会社の場合，その営業力や指導力の点で大手証券会社が望ましいと述べましたが，監査法人の場合も，監査品質の水準や指導力に加えて，信用力の観点から，大手監査法人が望ましいといえます。大手監査法人においては，監査業務やアドバイザリー業務について，構成員のレベルの底上げが図られ，証券取引所や証券会社からも一定の信任を得ているのです（【ケーススタディ４－４】⑴「大手監査法人のメリット（その１）」参照）。

ただし，大手監査法人は，どれほど小規模な会社であっても一定の固定費は掛かるため，どうしても監査報酬は高額となりますし，近年の監査厳格化の折，不祥事が散見される上場準備会社の監査を意図的に減らしていることに留意する必要があります（【ケーススタディ４－４】⑶「大手監査法人のデメリット」，【ケーススタディ４－５】⑵「監査人の異動」，【ケーススタディ６－４】⑴「大手監査法人は高額」参照）。

いずれにせよ，中小監査法人のほうが融通が利くというようなメリットもありますが，監査報酬が見合う限りは，大手監査法人のほうが望ましいといえます。

POINT!

経済的事情が許す限りは大手監査法人が望ましい。

4－7　監査法人の利用

経理部署のあなたは，新たに制度化された会計基準を適用するに際し，業務フローの見直しが必要となるため，経営層のみならず，現業部署，システム部署，内部監査部署やグループ会社などからの理解を得たいと思っています。

会計基準の適用までそれほどの猶予もありませんが，誰かに協力してもらえないでしょうか。

ヒント

監査法人に協力を要請します。

解答例

経営層や関係部署から新たな会計基準についての理解を得ることは容易なことではなく，経理部署がその重要性を訴えても，なかなか伝わりません。

このような場合，監査法人に協力を求め，例えば，監査法人同席のうえ，関係部署向けの説明会を開催し，補足のコメントを求めたり，質疑に応答してもらったりします。

身内の言うことは聞かなくても，監査法人の言うことには耳を傾けるのです。

新たな会計基準の適用に限らず，「監査法人がチェックする」，「監査法人も注目している」などと社内にアナウンスすることにより，円滑に業務を進めることができます。

ただし，あくまで主体は会社です。新たな会計基準の適用に際しては，会社自ら検討のうえ，その内容を関係部署に説明した後に，監査法人にフォローしてもらうなど，監査法人への過度の依存は控えるようにします。

解説

(1) 監査のメリット

☞ 通信簿(1)①

監査は株主や債権者を保護するために実施されるのであり，会社にとってはデメリットばかりのように思われますが，以下のメリットがあります。

〈会計スキルの向上〉

会計上の検討課題について検討する際，監査法人との意見交換を通じて，会社に会計スキルが蓄積されます。

そのためには，いたずらに監査法人に見解を求めることなく，まずは経理担当者自ら会計基準に当たり，検討を加えることが肝要です。

〈監査法人の利用〉

社内のどの部署の担当者であっても，とにかく監査法人の言うことはよく聞くのです。「監査法人が言っているなら，しょうがない」などというような話もよく耳にします。

例えば，新しい会計基準の適用に際して，社内の協力を仰がなければならない場合には，監査法人から制度の趣旨を説明してもらうなど，監査法人を上手に利用することがお勧めです（【ケーススタディ２－３】(2)「監査人の指導性」，【ケーススタディ４－６】(1)「株式上場時の監査法人選択（その１）」参照)。

POINT!

監査法人を上手に使う。

監査手続

5－1 監査リスクの高い項目

あなたの会社では今年も監査法人による期末監査が行われていますが，会社の決算を検証するためには，会計帳簿や会社の資料の1つひとつをつぶさに調べなければならず，監査人員や監査時間が足りていないのではと考えています。

限られた人員と時間で，監査法人はどのように監査を実施しているのでしょうか。

ヒント

粉飾決算や誤った決算が行われやすい項目に的を絞って監査を実施します。

解答例

監査人は，限られた監査人員や監査時間で監査を実施する必要があります。

そこで，会社や経済環境の理解を前提として，監査リスクの高い項目，すなわち，粉飾決算や誤った決算を監査人が見逃す可能性の高い項目に対して重点的に監査を実施します。

監査リスクの高い項目とは，例えば，売上，棚卸資産など粉飾決算が頻出している項目や，固定資産の減損，繰延税金資産，各種引当金など会計上の見積りを要する項目などをいい，これらの項目に対して集中的に監査人員や監査時間が投入されます。

また，会社は自ら決算の適正性を確保するしくみ（内部統制）を有しており，この自浄作用が適切に機能していれば，それだけ監査人員や監査時間の節約となるため，監査人は内部統制の整備・運用状況も合わせて確かめます。

解説

(1)　リスクアプローチ（その１）

監査法人が実施する監査手続は，監査リスクの高い項目，すなわち，粉飾決算や誤った決算が行われる可能性の高い項目に対して，集中的に実施される一方，監査リスクの低い項目については，比較的簡易な監査手続が実施されます。

監査リスクの高い項目は会社ごとに異なりますが，幾度となく粉飾決算が繰り返される典型的な項目として，売上や売上原価に係る粉飾決算が挙げられます。

そこで，売上や売上原価に係る粉飾に対しては，以下のようにさまざまな監査手続が実施されます。

〈売上に係る粉飾〉

架空売上のほか，得意先への押込み販売，期末日近くの売上計上などの手口があります。

このような粉飾に対処するために，期末日前後の売上，返品の動きを詳細に検討し，得意先に対して直接，売上債権の残高確認を行うとともに，売上債権の回転期間を調べて滞留債権の有無などを確かめます。

〈売上原価に係る粉飾〉

期末在庫の水増しによる売上原価の過小計上のほか，期末日近くの仕入の先延ばし，在庫評価損の計上回避などの手口があります。

このような粉飾に対処するために，期末日前後の仕入，返品を詳細に検討し，会社の実施する棚卸に立ち会うとともに，在庫の回転期間を調べて滞留在庫の有無などを確かめます。

POINT!

監査リスクの高い項目に対して，集中的に監査を実施する。

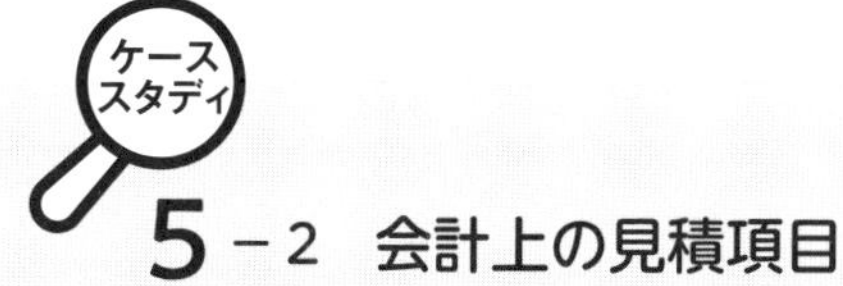

5－2　会計上の見積項目

あなたの会社は前期まで業績が振るわなかったため，ここ数年の間，繰延税金資産が計上されていませんでしたが，当期に入り，ようやく黒字基調の兆しが見えてきたものと判断し，期末決算において繰延税金資産を計上することが検討されました。

監査人にその旨を伝えると，未だ会社の業績は万全とはいえず，繰延税金資産の計上は時期尚早かもしれないとの回答でした。

経理担当者であるあなたは，繰延税金資産の計上について監査人の同意を得るために，どのように対処すればよいのでしょうか。

ヒント

繰延税金資産計上の基礎となる事業計画の合理性を確保することが必要です。

解答例

繰延税金資産は，いわゆる「会計上の見積項目」に該当し，高度な判断を要する会計上の検討事項です。

翌期の課税所得の発生が見込まれて，はじめて繰延税金資産を計上することができるため，以下の事項を考慮して，計上の基礎となる事業計画の合理性を確保することが必要です。

• 事業計画の達成度

例えば，従前より黒字決算を予想，開示しているにもかかわらず，結果的に赤字決算が繰り返されるような場合，監査人によって当期の事業計画が受け入れられるためには，相当程度，説得力のある裏付け資料が必要となります。

- 事業計画の整合性
  事業計画上の数値が積上げで作成され，市場，景気動向，経営戦略などといった会社内外の環境と事業計画との整合性が確保されるとともに，事業計画や基礎データに係る数値間の整合性が確保されていることも必要です。
- 足元の事業計画の達成度
  決算日以降において，事業計画が月次ベースで達成されていることが求められます。

解説

(1) リスクアプローチ（その２）

売上や売上原価に係る粉飾が典型的な監査リスクであると述べましたが，近時，新たな監査リスクが注目されています。固定資産の減損，繰延税金資産などの，いわゆる「会計上の見積項目」も監査リスクの高い項目とされるのです。

これらの項目については，将来の事業計画を基礎として会計上の見積りが行われます。従前，監査人は主に過去の実績を監査の対象としていましたが，将来予測を前提とした会計上の見積項目についても検討しなければならなくなったのです。

監査人は会社の経営戦略を踏まえながら，事業計画に係る資料間の整合性を確かめることにより，事業計画の合理性を検証します。

会社の経理担当者も会計上の見積りを行うに際しては，監査人と同じ目線に立って，事業計画やその達成度合いに十分留意することが必要です（【ケーススタディ５－５】⑴「監査人の目の付けどころ（その４）」参照）。

POINT!

過去の実績のみならず，事業計画にも留意する。

5－3　重要性の判断

あなたの会社は100億円の当期純利益（税引前）を計上していますが，決算発表の間際になって，3,000万円の経費の計上漏れが発覚しました。

決算スケジュール上，修正は難しい状況ですので，修正せずに決算を確定させたいと思いますが，監査人との交渉の余地はあるのでしょうか。

ヒント

金額的な重要性が認められず，交渉が可能です。

解答例

もちろん，正確な決算数値を開示することが上場企業の務めではありますが，たとえ，これを修正せずに開示したとしても，お咎めなしとなる場合があります。

典型的な事例が，金額的重要性が認められない場合です。修正すべき金額について，当期純利益（税引前）に対する割合が僅少であれば，金額的な重要性は認められないものとして，修正しないことも許容範囲内と考えられます。

ただし，財務報告に係る内部統制の整備という観点からは，経費の計上漏れに係る原因と再発防止策を検討することが，別途，必要となります。

解説

(1)　重要性とは

監査人から「重要性」という語句を耳にする機会も多いかと思います。監査上の「重要性」の有無は，投資家による投資意思決定に影響を及ぼすかどうかにより判断します。

例えば，新たな損失計上が判明し，100の利益が95に減少した場合，投資家がその損失発生を知りえたならば，会社の株式の購入を思いとどまっていたかどうかというような判断です。

一般的には，当期純利益（税引前）に対して±３～５％程度の増減と考えられ，当期純利益（税引前）が100億円とすると，±３～５億円以上の増減であれば重要性ありと判断します。

この重要性を「金額的」重要性といいます。

また，勘定科目の性質を考慮した「質的」重要性という判断基準もあり，売上高や引当金などは質的な重要性が高い科目とみなされます。質的重要性が認められる場合，たとえ金額的重要性が乏しくとも，監査人は問題ありと考えます。

当期純利益（税引前）が100億円の場合，仮に3,000万円の経費の計上漏れがあったとしても，金額的重要性なしとして，監査法人はそれほど問題視しないかもしれません。

一方，同額の架空売上が発覚した場合には，質的重要性ありとして，大いに問題視します。

POINT!

利益の±３～５％程度が重要性の基準値。

5－4 監査の効率化

経理部署のあなたは，監査人がどのように売上高が正しいことを確かめているのか不思議でなりません。会社の売上高は優に1,000億円を超えていますが，大量の売上伝票をひっくり返して調べている様子もありません。

一体，監査人はどのように売上高の適正性を確かめているのでしょうか。

ヒント

主に売上債権（受取手形，売掛金など）の残高を確かめることにより，売上高の適正性を確かめます。

解答例

監査人員や監査時間は有限であり，売上伝票の1つひとつについて，受注から回収までの販売手続を検証していたら，それこそキリがありません。

そこで，監査人はまず，得意先に対して直接，売上債権の残高を確認することにより，期首と期末の残高の妥当性を検証します。期首と期末の残高を押さえることで，売上債権の増加要因である売上高の適正性を確かめるのです。

監査上，貸借対照表項目のほうが損益計算書項目より効率的，かつ確実に検証することができるため，まず，ストック（貸借対照表項目）を押さえて，フロー（損益計算書項目）を検証することが一般的です。

特に，実査，立会，確認といった監査手続については，監査人自ら残高を直接押さえることができるため，より確実に残高の妥当性を検証することができます。

解説

(1) 監査人の目の付けどころ（その１）

監査人は監査業務を実施するにあたり，会社のどこを見ているのでしょうか。

監査の究極の目的は粉飾決算の防止であり，利益操作を発見することに主眼が置かれますから，直感的には損益計算書が主たる監査対象になると思われます。

しかしながら，例えば，すべての売上取引について納品書や請求書などと突き合わせて，売上高に係る金額の妥当性を確かめようとすると，監査の業務量が膨大になってしまいますので，取引高（フロー）に対する監査は副次的なものとなります。

この点，資産や負債の残高（ストック）を確かめるほうが効率的ですので，もっぱら貸借対照表に対する監査が中心となります。利益の計上は資産が増えるか，負債が減るかのいずれかであり，監査人は間接的に損益計算書の妥当性を検証するのです。特に，資産についてはその実在性を，負債についてはその網羅性を確かめることになります。

POINT!

監査は貸借対照表を中心に行われる。

⑵ 監査人の目の付けどころ（その２）

資産・負債項目に係る残高の妥当性を確かめる監査手続のうち，期末日近辺において，以下の監査手続が実施されます。

- 実査
  金庫に保管されている現金，通帳，有価証券などの有り高を確かめます。
- 立会
  会社が実施する在庫の棚卸に立ち会います。
- 確認
  債権・債務残高などについて取引先に照会します。

これらの監査手続は，監査人自ら直接的に残高の妥当性を確かめるため，資産・負債の妥当性に対する確かな心証が得られます。この監査人の心証を「監査証拠」といい，実査・立会・確認は証拠力の強い監査証拠が得られるのです。

特に立会や確認は，粉飾決算が頻出する売上債権，棚卸資産，仕入債務に対する有効な監査手続となります。

実査・立会・確認は監査人に限った話ではなく，例えば，内部監査部署において，事業所や子会社の現預金，売上債権などに対して同様の手続を実施することが有効です。多くの会計不正は実査・立会・確認の実施により防止できるといえ，社内での積極的な利用を検討することが望まれます。

POINT!

不正防止効果の大きい実査・立会・確認を積極的に利用する。

⑶　監査人の目の付けどころ（その３）

監査人は複眼的に会社を見ており，残高の妥当性を確かめるのと同時に内部統制の妥当性を確かめます。

例えば，立会により棚卸資産残高の妥当性を検証しますが，同時に，会社の棚卸手続の妥当性も検証しているのです。具体的には，担当者以外のチェックが行われているか，倉庫内が整理整頓されているか，棚卸すべきものとそうでないものとが明確に区別されているかどうかなどを確かめます。

一般的に，監査人がすべての在庫数を確かめることは困難ですから，棚卸手続の妥当性を検証することにより，会社が数えた在庫数の確からしさについて心証を得るのです。在庫がほこりをかぶっていたり，倉庫の隅のほうが雑然としているような場合，やはり数え間違いも生じやすく，棚卸手続の信頼性に疑義が生じます。

内部監査部署による残高の妥当性検証においても，残高と内部統制の同時検証を意識することが有用です。

POINT!

内部監査の実施に際しても，
残高の妥当性と内部統制の同時検証を意識する。

5－5　判断を要する項目

経理部署に所属するあなたは，決算業務のうち，現預金，有価証券，借入金などを担当しており，監査法人の担当者はシニアやスタッフです。

一方，あなたの上司は繰延税金資産，固定資産の減損，各種引当金などを担当しており，監査法人の担当者はマネージャーです。

役職により担当科目が異なるのは，なぜでしょうか。

ヒント

より上位の役職者が判断を要する項目を担当します。

解答例

一般的に，現預金，有価証券，借入金などに係る決算業務は，それほど判断を必要としません。例えば，現金であれば実際の有り高を帳簿残高に合わせれば，決算業務は終了です。

一方，固定資産の減損，繰延税金資産，各種引当金などは，いわゆる「会計上の見積項目」といわれ，自己の経験と知識に基づき，総合的に判断することが必要となります。一例として，繰延税金資産であれば，事業計画を十分に踏まえたうえで検討しなければならず，より経験値の高い役職者が担当することになります。

会計上の見積項目は自己の判断力を駆使することが求められ，まさしく経理の醍醐味を味わうことができるのです。

解説

(1)　監査人の目の付けどころ（その４）

☞ 通信簿(4)①，②，③

監査対象項目のうち，現預金，有価証券，販売費及び一般管理費などは，会計・監査上の判断を必要とする余地がそれほど多くはないため，比較的経験の浅い監査人が担当します。

一方，経験豊富な監査人が担う項目としては，どのようなものがあるのでしょうか。

やはり，会計上の見積項目など一定の判断が必要となる項目については，上位者が担うことになり，棚卸資産，固定資産の減損，繰延税金資産などが該当します。棚卸資産の評価に際しては，今後の販売可能性の検討が必要ですし，固定資産の減損や繰延税金資産については，会社の事業計画に係る合理性の検討が必要となります。

また，経営層に対するヒアリングが必要となる場合もあり，監査人のコミュニケーション能力も問われます。具体的には，会計・監査上の課題が発生した場合，会社の主張を十分に理解したうえで監査人の主張を伝えているか，また，経営者や監査役と適時にコミュニケーションを図っているかが問われることになります。

経験豊富な監査人が担当する項目については，会社においても上位者が担当することになります。

もちろん，それほど会計上の判断を必要としない項目であっても，おろそかにすることはできません。例えば，海外子会社において現金有り高が帳簿と合っていないなど，初歩的な項目に誤りが認められる場合があります。会計上の判断をことさら必要としない項目にさえ誤りが認められる場合，会社の決算全体の信頼性に疑義が及んでしまうことに留意する必要があります（【ケーススタディ５－２】(1)「リスクアプローチ（その２）」参照）。

POINT!

会計上の見積項目を担当すれば一人前の経理パーソン。

5－6　監査法人のキーパーソン

あなたは監査法人のマネージャーに繰延税金資産に関する計算資料を提出し，その検証をお願いしましたが，特に問題なしとの回答が得られたため，すみやかに決算数値を確定させました。

１週間後に「パートナーから繰延税金資産について誤りを指摘された」との連絡がマネージャーからありました。決算発表時期が迫っていますが，計算をやり直すしか方法がないようです。

あなたはどうすればよかったのでしょうか。

ヒント

重要な会計・監査上の課題は，監査法人のキーパーソンに確認します。

解答例

監査チームには豊富な監査知識，経験を有し，決断力のあるキーパーソンがいるはずです。一般的にパートナー，マネージャーといった職位の高い監査人が該当します。

重要な会計・監査上の課題については，キーパーソンによる承認を得ることで，決算業務を円滑に進めることができます。キーパーソンでない監査人に結論を委ねても，結論が出るのが遅かったり，覆される可能性もあり，決算業務に支障が生じかねません。

キーパーソンかどうかは日常の監査人とのやり取りで判断できますので，早々にキーパーソンを探します。

解説

(1) 監査法人のキーパーソン

☞ 通信簿(4)④，⑤

いわずもがなですが，監査法人のメンバー全員が優秀とは限らず，監査チームにはキーパーソンがいるはずです。

それでは，キーパーソンとは具体的にどのような人物なのでしょうか。

まずは，法令に準拠した会計・監査上の課題解決を図ることはもちろん，何といっても判断力や決断力を備え，自ら監査チームや審査員を説得しうるような人物です。

キーパーソンの存在は，特に会計・監査上の難題が生じたときに明らかになります。いざというときには，キーパーソンが中心となって難題を乗り切ることになります。

一方，キーパーソンでない人物が仕切ろうとすると，なかなか結論が出ないばかりか，その結論も監査チームや審査員によって覆されることさえあるのです。

決算はスピードが求められますから，重要課題についてはすみやかにキーパーソンと協議を行います。まさしく，そのような人物こそが監査チームを引っ張ることができるリーダー的存在といえるのではないでしょうか。

キーパーソンは多忙な場合が多いですが，とにかく探し出し，キーパーソンを軸に決算を進めることが肝要です。

POINT!

監査チームのキーパーソンを探す。

5－7　監査メンバーの見定め

経理部署のあなたは，監査法人のスタッフであるＡさんから，重要性の乏しい子会社について質問を受けましたが，どうも質問の内容が細かすぎる気がします。同僚たちに聞いても，Ａさんの質問は的外れで，監査人としての適性に問題があるようにも思います。

このような場合，どうしたらいいのでしょうか。

ヒント

監査法人に改善を申し入れ，必要に応じてメンバーの交代を要請します。【ケーススタディ４－２】と内容が類似していますが，重要項目ですので再掲します。

解答例

監査法人による細かな質問は何らかの意図があるかもしれず，ある程度は許容されるべきかもしれませんし，必要に応じて，監査法人に質問の意図を質したり，重要性の判断について説明を求めます。

ただし，Ａさんの言動によって決算業務に支障が出るような場合は，監査法人に改善を申し入れます。

それでもなお改善が認められなければ，担当者の交代を要請します。

解説

(1) 監査法人へのクレーム

☞ 通信簿(4)⑥

監査法人がクライアント（被監査会社）から受ける主なクレームとして，まず，頻繁なメンバーの交代が挙げられます（【ケーススタディ４－２】(1)「シニア・スタッフとは」参照）。監査チームのメンバーが頻繁に入れ代わってしまい，なかなか固定化しないようなケースです。クライアントはメンバー交代のたびに，同じことを説明しなければならず，非効率です。

しかしながら，メンバーの交代は，ある程度しかたのないことかもしれません。

というのも，監査法人の平均勤続年数は一般事業会社より，はるかに短く，独立開業，他の会計事務所への入所，一般事業会社への就職などにより，入社数年のうちに多くの同期が監査法人を去ってしまいます。在籍者の「回転期間」が極端に短いため，チームメンバーを代えざるを得ない場合が多いのです。

そのほか，監査法人へのクレームとして，以下を挙げることができます。

- すでに提出した資料が監査チーム内で共有されておらず，他のメンバーから同じ資料の提出が要請される
- 質問に対する回答が遅い，資料を受領した旨の返信がないなどレスポンスが悪い
- 明らかに重要性が乏しい項目にもかかわらず，質問が多い

いずれも監査法人側で改善の余地がある項目ですので，クレームとしてきっちりと伝え，それでもなお改まらないような場合は，担当者の交

代を要請すべきかもしれません。

POINT!

メンバー交代などについては，しっかりとクレームを伝える。

第6章　監査報酬

6－1　誰が負担すべきか

監査人は会社の決算に批判を加えるだけで，報酬を払ってまで「先生」と呼ぶのは，今ひとつ納得感がありません。

税理士であれば申告書作成や節税の指導をしてくれますし，医者は病気を治療してくれるので，報酬を払ってもなお「先生」と呼ぶとしても，特に抵抗感はありません。

あなたは，このような違和感についてどう思いますか。

ヒント

決算書を利用する投資家や債権者が監査報酬を負担すべきなのかもしれません。

解答例

サービスを享受する者が対価を支払うのが経済の原則です。

会社が開示する決算書の主たる利用者は投資家や債権者です。監査人による決算書の保証というサービスを享受するのは，会社というよりむしろ投資家や債権者なのですから，これを享受する人たちが監査報酬を負担すべきというのも，あながち不合理な話ではないかもしれません。

解説

(1)　監査報酬の負担

監査人による監査業務の提供によって経済的な利益を享受するのは，会社ではなく，主として投資家や債権者です。受益者負担の原則に従えば，それらの人たちが監査報酬を負担すべきとも考えられます。

確かに，資金調達の円滑化が図られるという点では，会社も利益を享受しているのかもしれません。しかし，監査報酬を支払ってなお，監査人の「先生」に頭を下げるのは，どうにも腑に落ちません。

四半期決算の廃止が議論されており，投資家や債権者はあまねく制度の継続を要望しますが，自らの腹が痛まないからこそ，勝手を言っているようにしか思えないのです。近時のサステナビリティ情報の開示をめぐる議論においても，どうも企業より投資家や債権者の意向が重んじられる風潮が強いように思われます。

そういった人たちが監査報酬を負担するとなれば，こうした議論の方向性も変わるかもしれません。

会社としては，監査報酬を本来負担すべきではないとしたら，なおさら，引下げを要請するのは当然の企業努力かもしれません。

POINT!

監査報酬はできるだけ引下げを要請する。

6－2　報酬交渉

監査法人から翌期の監査報酬の提示がありましたが，以下を理由として，当期から２割近くも増加しています。

- 監査時間の増加：会計上の見積項目の開示に係る監査手続の実施による増加
- 報酬単価の上昇：パートナーによる関与度合いの増加に伴う上昇

経理部署に所属するあなたは，監査法人とどのように交渉すればよいのでしょうか。

ヒント

監査時間と報酬単価の上昇要因などについて分析することが必要です。

解答例

監査時間と報酬単価の上昇要因については，以下のように判断し，合わせて，会計上の検討課題の解消，事業活動やグループ会社の見直しなどによる監査時間減少の有無を確かめます。

- 監査時間の増加

  会計上の見積りに係る監査自体は従前から実施されているはずであり，監査時間の大幅な増加要因とはならない。

- 報酬単価の上昇

  特定の項目に対してパートナーが関与するものと考えられ，その項目のみに上昇する報酬単価を乗ずるべきである。

解説

(1)　監査報酬の算定方法

☞ 通信簿(5)①

監査は人工(にんく)商売ですので，監査報酬は監査時間に報酬単価を乗じて算定されます。例えば，監査日数が延べ100日で，１日当たりの報酬単価が10万円でしたら，監査報酬は1,000万円です。

〈監査時間〉

監査時間は以下のような要素により決定されます。

- ビジネスモデル
  会社の経営環境や取引内容などが複雑な場合，監査時間が長くなります。
- 内部統制
  内部統制の整備・運用状況が脆弱な場合，監査時間が長くなります。
- 事業規模
  売上高や資産規模が大きかったり，グループ会社が多数あれば，それだけ監査時間も長くなります。

いわゆるベンチャー企業については，たとえ小規模であっても，経理人材の不足を含む脆弱な内部統制を背景として，監査時間が長くなる傾向があります。

〈報酬単価〉

監査チームは，パートナーをトップとした各職位により組成されます(【ケーススタディ４－１】(1)「組織体制」参照)。

報酬単価は職位によって異なりますが，加重平均すれば，ざっくり１日当たり10～15万円くらいでしょうか（監査報酬については，日本公認会計士協会から「監査実施状況調査」が公表されています)。

POINT!

監査報酬は監査時間×報酬単価で算定される。

(2) 報酬交渉（その１）

監査法人で発生するコストの７割程度は人件費で，その他に事務所家賃やIT関連費用などがありますが，コストの大半は固定費です。

これがどういう意味を持つことか，おわかりでしょうか。

特定のクライアントとの監査契約が打ち切りになった場合，売上となる監査報酬が減少するにもかかわらず，コストはほとんど減らないのですから，売上相当分の利益がほぼ吹き飛ぶことになります。契約打ち切りによる売上減少が，そのまま利益の減少に直結するという意味で，クライアントの「ロストは痛い」のです。

一方，新たなクライアントが獲得できれば，増加した売上がほぼそのまま利益となります。

監査法人にとって「ロストは痛い」のですから，監査報酬の交渉にあたっては，多少強気に出ても構わないのかもしれません。ただし，強気に出すぎるあまり，監査法人から監査契約を打ち切られて，他の監査法人を探さなければならない羽目に陥ることは避けなければなりません。

POINT!

監査報酬の交渉は多少強気でも構わない。

⑶　報酬交渉（その２）

☞ 通信簿⑸②

監査報酬の交渉に際しては，以下の事項に留意します。

〈監査リスク〉

監査人が粉飾決算や誤った決算を見逃してしまうリスクを監査リスクといいますが，監査リスクが高まれば監査時間が増加するため，監査報酬は高額となります。逆に，監査リスクが低くなれば，監査報酬は下がります。

〈事業規模〉

子会社の設立や新事業の開始などにより監査時間が増加する一方，子会社の清算や事業の縮小などにより監査時間が減少します。

〈グループ会社の報酬単価〉

グループ会社ごとに監査契約が締結される場合，各社の報酬単価が同水準であるかどうかを確かめます。

〈同業他社比較〉

同業種や同規模会社の監査報酬と比較します。監査報酬は有価証券報告書に記載されていますので，参考にしてください。

POINT!

監査時間や報酬単価の内容を考慮して，
監査報酬の妥当性を検証する。

ケース
スタディ

6－3　追加報酬

あなたの会社で不祥事が発覚し，監査法人も関与することとなりました。後日，監査法人から，監査計画外の事象であり，監査時間が延べ50日，１日当たり報酬単価20万円として1,000万円にのぼる追加の監査報酬が請求されました。

１日当たり報酬単価は通常15万円ですが，監査責任者であるパートナーの関与が増えたことにより20万円で算定したとのことです。

会社は追加報酬の支払に応じるべきでしょうか。

ヒント

パートナーによる関与の事実を確かめるとともに，値下げを要請します。

解答例

確かに，会社の不祥事は緊急かつ高度な判断を要するため，監査責任者であるパートナーの関与が増える可能性も十分に考えられます。したがって，まずはパートナーによる関与の増加が事実かどうかを確かめます。

たとえ，パートナーの関与が事実だとしても，値引き交渉の余地はあります。多少の時間超過は監査法人にとって許容範囲内ですし，追加報酬の全額が支払われるとは期待していないかもしれません。

例えば，通常の報酬単価15万円で算定して750万円，そこから２割値引いて600万円あたりで交渉するのも一法です。

解説

(1) 報酬交渉（その３）

☞ 通信簿(5)①

監査報酬が決定されるにあたっては，一般的に，以下のような経緯をたどるため，１日当たり10～15万円を目途として交渉されてはいかがでしょうか（【ケーススタディ６－２】(1)「監査報酬の算定方法」参照)。

〈見積り時〉

監査報酬に係る見積書上，１日当たりの報酬単価として，以下のように提示されます。

監査時間（１日当たり７～８時間）×報酬単価（１時間当たり２万円）≒15万円

〈契約締結時〉

監査人から２割ほど値引きの提示があり，１日当たり12万円（15万円×0.8）で監査契約が締結されます。

〈監査終了時〉

当初の想定より，監査時間は２割ほど超過することが一般的であり，超過時間を考慮すると，１日当たり10万円（12万円÷1.2）が最終的な報酬単価となります。

POINT!

監査報酬は１日当たり10～15万円を目途に交渉する。

ケース
スタディ

6－4　大手監査法人の監査報酬

あなたの会社はオーナー系のベンチャー会社で最近上場を果たしました。どうしてもオーナーの意向が経営に強く反映されてしまう点では，ガバナンスは十分とはいえず，また，営業最優先のため，財務報告に係る内部統制も盤石とはいえません。

今般，監査契約を締結している大手監査法人から，近時の監査の厳格化に伴い，監査報酬の大幅な値上げが提示されましたが，とても支払える額ではありません。

あなたはどのような対策を講じたらよいのでしょうか。

ヒント

中小監査法人との監査契約を検討します。

解答例

ガバナンスや内部統制が不十分な会社は監査リスクが高く，特に大手監査法人は監査契約の締結を回避しようとします。もちろん，オーナー系のベンチャー会社であっても例外はありますが，どうしてもガバナンスや内部統制が脆弱になりがちです。

たとえ，ほかの大手監査法人に当たってみても望み薄かもしれませんから，中小監査法人との監査契約を検討します。

解説

(1) 大手監査法人は高額

☞ 通信簿(5)③，④

監査報酬について，大手監査法人は中小監査法人と比べて高額であり，それに見合うだけの経営体力が自社にあるかどうかを考慮することが必要です。

大手監査法人の監査報酬は，以下のようなコスト負担を理由として高額となります（【ケーススタディ４－４】(3)「大手監査法人のデメリット」，【ケーススタディ４－５】(2)「監査人の異動」，【ケーススタディ４－６】(2)「株式上場時の監査法人選択（その２）」参照）。

〈人件費〉

大手監査法人は監査品質を維持するために，比較的多額の人件費が発生しています。監査法人のコストのうち，７割程度を人件費が占め，高コスト化の主たる要因といえます（【ケーススタディ６－２】(2)「報酬交渉（その１）」参照）。

〈事務所家賃〉

大手監査法人は拠点となる事務所をオフィス街の一等地に構え，高額な家賃が発生しています。

なお，監査報酬の話ではありませんが，会社と監査法人の事務所との物理的な距離は近接していることが望まれます。近接していれば急な相談も可能ですが，遠方の場合は緊密なコミュニケーションが難しくなる可能性があります。

〈IT投資〉

監査調書の電子化はもちろん，AIの利用や残高確認などの監査手続について，積極的なIT化が図られています。

〈ロイヤリティ〉

大手監査法人は海外の会計事務所にロイヤリティを支払っています。グローバルに展開するための必要経費とはいえ，高コスト化の要因となります。

POINT!

大手監査法人はコスト負担が大きく，報酬も高額である。

第7章　その他の事項

7－1　監査法人に対する検査

監査人から監査役会宛ての監査報告の一環として，高品質な監査業務を実施するために必要な監査事務所のリスク評価プロセス，ガバナンス・リーダーシップなどの項目に係る監査人の品質管理システムについて説明がありました。いわゆる金融庁検査において，「業務管理態勢，品質管理態勢などについては改善すべき重要な点があり良好であるとは認められない」との結果通知を受けたとのことです。

監査役であるあなたは，監査人としての適格性について，どのように判断すればよいのでしょうか。

ヒント

会社自ら検査結果の内容や監査人による改善策を検討したうえで，監査人としての適格性を判断します。

解答例

金融庁検査は極めてハードルの高い厳格な検査です。検査の結果によっては，業務改善命令や課徴金納付命令などといった，厳しい処分が下される場合もあります。

したがって，たとえ「良好であるとは認められない」といった検査結果であっても，監査契約の見直しに直結するわけでもないため，会社自ら監査人の品質管理システムについての理解に努めることが必要です。品質管理システムについて一定水準の適格性は確保されており，監査契約の見直しは特段必要ないものと判断できる場合もあるのです。

なお，監査人によるその後の改善状況についても，合わせて確かめることが必要です。

解説

⑴　監督官庁（その１）

監査人の監督官庁は金融庁ですが，金融庁所管の公認会計士・監査審査会により，厳格な検査が実施されます。検査は定期的に実施され，大手監査法人に対しては毎年，検査が入ります。

かつて，大手監査法人の一角を占めていた中央青山監査法人に検査が入り，業務停止処分を受けた結果，同法人は解散の憂き目に遭いました。これを目の当たりにした監査法人は，当局の検査に対して，神経を尖らさざるを得ないようです。

したがって，監査人は極度の心配性であると述べましたが，ある程度はしかたのないことかもしれません（【ケーススタディ２－４】⑴「監査人は極度の心配性（その１）」，同⑵「監査人は極度の心配性（その２）」参照）。

むしろ，彼らの立場を少しでも理解することで，円滑な監査業務に協力するほうが得策です。監査人からの質問に対しては，監査調書の作成に資するよう，会社自ら文書化による回答を心掛けることが望まれます（【ケーススタディ３－５】⑴「監査調書」参照）。

POINT!

監査法人の立場に立って監査に臨む。

⑵　監督官庁（その２）

☞ 通信簿⑹①

完璧な監査などありえず，粉飾決算がなくなることはありえません。今後，また粉飾決算が発覚すれば，監査法人に対する世間の風当たりも一層強くなり，さらに金融庁検査が厳格化される可能性も否定できません。

金融庁の検査結果については，監査法人に係る品質管理体制の一環として，監査法人から監査役会宛てに報告されます。会社としては，当局の指摘事項の中に重要な事項がないかどうかを確かめる必要があります。

監査法人による品質管理についての説明は，ある意味，杓子定規で退屈な話ですから，当局から重要な指摘を受けているにもかかわらず，聞き流してしまう可能性があります。当局の指摘事項は監査法人の存続にも関わる事項ですから，十分に注目しておく必要があります。

ただし，監査という専門領域に対する指摘内容ですから，監査人以外がその内容を十分に把握することは難しいかもしれません。必要に応じて監査人にその内容を尋ねてみるのも一法です。

POINT!

当局の指摘事項に重要な事項がないか確認する。

7－2　投資家に対する情報提供

監査報告書においてKAM（監査上の主要な検討事項）の記載が義務付けられました。また，今後，人的資本や気候変動をはじめとするサステナビリティ情報に対して，監査人による監査が必要となる可能性もあり，ますます監査人から投資家向けの情報提供が強化される見込みです。

経理部署に所属するあなたは，このような動きにどのように対処すべきでしょうか。

ヒント

会社が開示する企業情報は，監査人が提供する情報と平仄（ひょうそく）を合わせる必要があります。

解答例

会社が開示する企業情報は，監査人が投資家向けに提供する情報と，できるだけ平仄を合わせる必要があります。

監査報告書上のKAM（監査上の主要な検討事項）に係る内容や対応策などについては，十分に監査人と協議し，すり合わせを行います。

今後，KAMに限らず，監査人が提供する情報が増加し，有価証券報告書や統合報告書などについて，監査人と歩調を合わせることがますます必要になるものと予想されます。

解説

(1) 監査報告書とは（その１）

監査報告書とは，財務諸表の適正性について監査人が監査意見を述べる報告書です。監査意見には，会社の財務状況をすべての重要な点において適正に表示している旨を監査報告書に記載した「無限定適正意見」のほか，以下の意見があります（日本公認会計士協会「会計監査用語解説集」参照）。

このうち，不適正意見や意見不表明の監査報告がなされると，証券取引所の定める上場廃止基準に抵触するため，監査人は「怖い」存在なのです。

〈不適正意見〉

不適切な事項により，財務状況を適正に表示していない旨が監査報告書に記載されます。

〈限定付適正意見〉

一部不適切な事項はあるものの，財務状況はその事項を除き，すべての重要な点において適正に表示している旨が監査報告書に記載されます。

〈意見不表明〉

重要な監査手続が実施できず，財務状況を適正に表示しているかどうかについての意見を表明しない旨が監査報告書に記載されます。

POINT!

監査報告の内容によっては，上場廃止基準に抵触する。

⑵　監査報告書とは（その２）

監査報告書においては，監査意見のほか，経営者・監査人の責任など定型的な文章も記載されますが，これらは無味乾燥な表現なため，面白みに欠けます。

一方，以下の事項については，監査人から財務諸表の利用者への情報提供の一環として個別具体的な記載が行われます。この際，財務諸表に記載された事項との整合性を確保するため，記載内容について会社と監査人との協議が必要となる場合があります。

いずれにせよ，貴重な情報であり，監査報告書のご一読をお勧めします。

〈監査上の主要な検討事項（KAM：Key Audit Matters）〉

監査の透明性向上のために，監査人が特に重要と判断した監査上の検討事項が記載されます。会社の課題を知りうる重要な情報です。

〈強調事項〉

財務諸表に記載された事項について再掲し，財務諸表の利用者に注意喚起を促す重要な情報です。

POINT!

監査報告書の充実化により，
監査人と記載内容の協議が必要となる場合がある。

⑶　投資家との関係（その１）

金融商品取引法に基づく監査の目的が投資家保護であるにもかかわらず，監査人と投資家とのつながりは，少なくとも従前においては監査報告書という紙切れ１枚だったのかもしれません。

しかしながら，監査人は会社の業績のみならず，経営課題，事業リスク，事業計画など広範囲にわたる知見を有しています。したがって，守秘義務との兼ね合いもありますが，監査人から投資家への積極的な情報提供は極めて有用なことと思われます。

近年，監査報告書において監査人が特に重要であると判断した事項（KAM：Key Audit Matters）の記載が義務付けられました。今後，KAMに限らず，例えばサステナビリティ情報など，財務情報に加えて記述情報に係る監査人の意見が投資家へ提供される可能性も高まっています。

監査人からの多様な情報提供により，投資家と監査人とのコミュニケーションが深まり，もって資本市場の健全な発展が図られることが期待されます。

POINT!

投資家と監査人とのコミュニケーションが強化されている。

⑷　投資家との関係（その２）

☞ 通信簿⑹②

会社法監査の目的が投資家（株主）・債権者保護であるにもかかわらず，株主総会における監査人と投資家との関係も希薄です。

監査人に対しては，株主総会における意見陳述の機会が会社法上，確保されていますが，実際に行使されたという話はあまり聞いたことがありませんし，会計・監査上の検討事項については，投資家の関心が薄いためか，質問はほとんど出ることはありません。

しかしながら，今後，財務情報に限らず，記述情報についても監査人が関与する可能性があります。

加えて，近年，株主総会での質疑応答が活発化しており，投資家の関心が高い事項については，監査人と共有することが望まれます。

したがって，監査人に株主総会に陪席してもらい，現場の緊張感とともに投資家の関心事項を認識してもらうことも有用と思われます。

POINT!

監査人による株主総会の陪席により，
投資家の関心事項を共有する。

ケース
スタディ

7－3 グループ会社の利用

経理部署に所属するあなたは，上司から「新しい会計基準案もほぼ固まり，近々に適用見込みなので，準備に着手してほしい」との指示を受けました。

あなたは会計基準案について一通り目を通しましたが，今ひとつ理解が進まず，システム対応など実務に落とし込んだ場合の課題についても具体的なイメージができません。

このような場合，誰に相談すればよいのでしょうか。

ヒント

必要に応じて，監査法人のグループ会社の支援を仰ぎます。

解答例

新たな会計基準について，会社独自で実務に落とし込むことは困難な場合があります。この場合には，制度適用前に監査法人のグループ会社からアドバイスを受けることが有用です。

将来の監査対応を見据えた場合，監査法人も候補先となりますが，監査法人自体の関与は独立性確保の立場から難しいケースもあるため，監査法人のグループ会社を利用するのです。

グループ会社であれば，会社についてのビジネスの理解も早いでしょうし，制度適用時においては監査法人との監査契約への円滑な移行が期待されます。また，グループ会社から直接，経営層や従業員へ働きかけることにより，制度対応への全社的なコンセンサスも得られやすくなります。

ただし，特に大手監査法人のグループ会社への報酬は，一般的に高額であることに留意します。

解説

(1)　監査法人のグループ会社（その１）　☞ 通信簿(3)⑤

監査法人は，会社の業績のみならず，経営課題，事業リスク，事業計画など広範囲にわたる知見を有していますが，そうした知見を活用し，監査業務から派生したサービスをグループ会社において展開しています。

グループ会社としては，税理士法人，アドバイザリー会社，弁護士法人のほか，サステナビリティ情報や不正対応に係るサービスを提供する会社などがあります（【ケーススタディ４－４】(2)「大手監査法人のメリット（その２）」参照）。

ただし，グループ会社を手広く展開しているのは大手監査法人であり，中小監査法人では，税理士法人やアドバイザリー会社が設立されているくらいでしょうか。

大手監査法人が海外の４大会計事務所と提携しているのと同様，その主たるグループ会社も４大会計事務所のグループ会社と提携しています。そもそも監査法人においても，グループ会社と同等のサービスを提供できるくらいのノウハウを有している場合もありますが，監査法人としての独立性を確保するため，別個の法人として運営されています（【ケーススタディ３－６】(2)「監査人の接待（その２）」参照）。

POINT!

規模の大きな監査法人ほどグループ会社が充実している。

(2) 監査法人のグループ会社（その２）

☞ 通信簿(3)⑤

新しい会計基準やサステナビリティ基準などにキャッチアップするために監査法人のグループ会社を利用する典型的なパターンとしては，その新しい基準の適用前にグループ会社からアドバイスを受け，適用開始時には監査法人との監査契約に移行するというようなケースが考えられます。

この場合，監査法人がビジネスや組織を含む会社の状況についてグループ会社と共有することで，的確なサービスが提供されることが期待されます。このため，積極的なグループ会社の利用が望まれます。加えて，他人の言うことはよく聞くもので，経営層や関係部署への啓蒙をグループ会社に依頼することにより，基準対応への全社的な協力も図られます。

しかしながら，業務の主体はあくまで自社であることに留意する必要があります。グループ会社へ丸投げするような過度の依存は厳に慎みます。

なお，グループ会社が大手監査法人の系列下にある場合，報酬が高額となるため，コストパフォーマンスには十分，留意する必要があります。

POINT!

コストパフォーマンスを踏まえたうえで，
グループ会社を積極的に利用する。

ケース
スタディ

7－4　サステナビリティ情報

人的資本や気候変動などサステナビリティ情報に係る開示が義務化されつつあります。

これらは経営企画部署の管轄業務であり，経理部署のあなたは特に関与する必要はないとの認識ですが，問題はないでしょうか。

ヒント

関係部署と早期に連携することが必要です。

解答例

サステナビリティ情報については，一義的には経営企画部署の所管と考えられますが，最終的には財務数値を含む企業価値への言及が求められるため，経理部署による関与も必要となります。

将来的には第三者による保証として，監査人による関与の可能性も十分に考えられるため，経営企画部署を含む関係部署と連携のうえ，必要に応じて監査人やアドバイザリー会社からの支援を受けつつ，早期に着手します。

サステナビリティ情報については，単なる開示にとどまらず，具体的な戦略を含むストーリー作りのために経営層の関与が必要となるという意味でも，できるだけ早期の着手が望まれます。

解説

(1)　記述情報

☞ 通信簿(3)⑤

近時，サステナビリティ（持続可能性）に対する関心が国際的に高まっています。これと平仄（ひょうそく）を合わせるように，サステナビリティ基準が設定され，財務情報以外のいわゆる記述情報の開示が強化されました。わが国においても，人的資本を含むサステナビリティ情報について，有価証券報告書上の記載が義務づけられました。

将来的に記述情報に対する監査人による保証が義務化されれば，一気に監査領域が拡大し，監査人にとっては，いわば「飯のタネ」が増えることになります。

一方，会社としては，人的資本にせよ気候変動にせよ，新基準にいち早く対応することが必要です。具体的には，研修，メディアなどを通じた情報収集，マネジメントへの啓蒙，社内体制の構築，アドバイザリー会社からの支援，監査人との事前協議など，前倒しで取り組むことが必要です。

確かに新基準への対応はそれなりの負担感がありますが，早期に着手することで，企業価値の向上につながる可能性も十分にあります。監査人も新基準対応には余念がないでしょうから，大いに利用することを検討してください。

POINT!

記述情報は監査人を利用して，早期に取り組む。

第8章 監査法人の通信簿

「まえがき」でも述べましたが，本書のうち，監査法人の評価に関連する事項について，点数化を試みました。監査法人に対する客観的な理解が深まるかと思います。

監査法人も「人の子」です。クライアントの付き合い方にも濃淡が生じる可能性があります。自社の監査法人に対する理解が深まれば，監査法人も会社との適切な付き合いを考えざるを得なくなります。

通信簿の利用により，監査法人との「濃い」お付き合いを目指してください。

項目ごとに，

- S：大変よい
- A：よい
- B：普通
- C：あまりよくない
- D：よくない

として該当箇所の点数に○を付け，合計点数を計算してください。

(1)　監査人に対する評価

	重要度	評価項目	備考	ケーススタディ	S	A	B	C	D
①	中	監査人の指導性は高いか。	単に財務諸表を批判するだけでなく，会計処理・表示について的確なアドバイスを行っているか。	2－3(2) 4－6(1) 4－7(1)	5	4	3	2	1
②	中	会社の内外環境の変化に対して適時・適切にキャッチアップしているか。	例えば，市況の変化による会社への影響を確かめたり，会計制度の動向について適時に情報提供が行われているか。	2－3(2)	5	4	3	2	1
③	低	会社のグループ会社に対しても新しい会計制度に係る情報提供が行われているか。	－	2－3(2)	4	3	2	1	0
合計					点				

(2)　監査制度に関する評価

	重要度	評価項目	備考	ケーススタディ	S	A	B	C	D
①	低	不祥事が発生した場合，過度に保守的な判断がされていないか。 または，監査手続が細かすぎないか。	会計不正への該当の有無を十分に吟味しているか。 現場の負担を考慮しつつ，監査手続を実施しているか。	3－2(1)	4	3	2	1	0
合計					点				

(3) 監査法人に関する評価

	重要度	評価項目	備考	ケーススタディ	S	A	B	C	D
①	低	上場会社数や公認会計士数は十分か。	監査法人の経営の安定度を評価する。	4－4(1)	4	3	2	1	0
②	低	業績や財務内容に問題はないか。	同上。 公表されていない場合もある。	4－4(1)	4	3	2	1	0
③	低	会計・監査に関するホームページや出版物は充実しているか。	監査法人に蓄積された知識・ノウハウの多寡を評価する。	4－4(2)	4	3	2	1	0
④	低	法人独自の研修制度を含む人材育成制度は充実しているか。	監査の品質水準そのものを評価することは難しいため，間接的な情報によって評価する。	4－3(1) 4－4(1)	4	3	2	1	0
⑤	低	税理士法人やアドバイザリー会社などグループ会社のサービスラインは充実しているか。	会計の周辺業務に関連するアドバイザリー業務はグループ会社に依頼することが望ましい。	4－4(2) 7－3(1) 7－3(2) 7－4(1)	4	3	2	1	0
⑥	中	会社の海外進出先に提携する会計事務所はあるか。	－	4－4(2)	5	4	3	2	1
合計					点				

(4) 監査手続に関する評価

	重要度	評価項目	備考	ケーススタディ	S	A	B	C	D
①	低	監査人のコミュニケーション能力は高いか。	会社の主張を十分に理解したうえで，監査人の主張を伝えているか。	5－5(1)	4	3	2	1	0
②	低	経営者とのコミュニケーションは十分に行われているか。	少なくとも年2回程度は経営者への面談が実施されているか。 重要な会計上の検討課題が発生した場合には随時，面談が実施されているか。	5－5(1)	4	3	2	1	0
③	低	監査役とのコミュニケーションは十分に行われているか。	特に，不祥事が発生した場合などに，適時に面談が実施され，問題点に取り組んでいるか。	5－5(1)	4	3	2	1	0
④	中	会計上の検討課題に対して適時・適切に対応しているか。	監査チームの担当者が決算を待たずに会社と早めに協議したり，監査責任者に対して事前に判断を仰いでいるか。	5－6(1)	5	4	3	2	1
⑤	中	監査チームにキーパーソンがいるか。	会計・監査上の検討課題に対する判断力や決断力に優れたキーパーソンがいないと，結論	5－6(1)	5	4	3	2	1

			が遅れたり，覆される可能性がある。						
⑥	中	頻繁に監査チームのメンバーが交代していないか。交代する場合でも，監査チーム内の引継ぎが適切に行われているか。	監査法人の会社に対する優先順位が高いほど，メンバーの固定化が図られる傾向がある。	4－2(1) 5－7(1)	5	4	3	2	1
合計					点				

(5)　監査報酬などに関する評価

	重要度	評価項目	備考	ケーススタディ	S	A	B	C	D
①	中	監査報酬は適正水準か。	監査人１人当たり１日10～15万円程度か。	6－2(1) 6－3(1)	5	4	3	2	1
②	中	監査リスクや事業規模の増減などを踏まえて，毎期監査報酬が見直されているか。	－	6－2(3)	5	4	3	2	1
③	高	監査法人は自社の経営体力に見合っているか。	大手監査法人の監査報酬は高額である。	4－4(3) 4－5(2) 4－6(2) 6－4(1)	6	5	4	3	2
④	低	会社と監査法人の事務所との物理的な距離は近接しているか。	近接していれば急な相談も可能だが，遠方の場合は緊密なコミュニケーションが難しくな	6－4(1)	4	3	2	1	0

			る可能性がある。						
合計					点				

(6)　その他の事項に関する評価

	重要度	評価項目	備考	ケーススタディ	S	A	B	C	D
①	高	金融庁検査による指摘事項の中で重要な事項はないか。	検査結果は監査人から監査役会宛てに報告される。	7－1(2)	6	5	4	3	2
②	低	株主総会に陪席しているか。	株主総会への陪席は，会社に対する関心が高いことを示す。	7－2(4)	4	3	2	1	0
合計					点				

(7)　総合評価

各項目の合計点数を足した点数が総合点数で，100点満点となっています。ちなみに，すべての評価がAの場合は78点，すべての評価がBの場合は56点，すべての評価がCの場合は34点となります。

総合評価は以下のとおりです。

ただし，たとえ会社にとって監査法人が満足しうる水準にあったとしても，監査報酬の水準や監査リスクの程度によっては，監査法人から監査契約打ち切りのリスクがあることには十分留意します。

80点超

文句なしの水準です。

61～80点

満足できる水準と考えられます。

41～60点

許容範囲内の水準です。

現状，監査契約の見直しは特に必要ないとは考えられますが，適時，監査法人に対する評価を実施することが望まれます。

もちろん，監査法人や担当者の努力などにより，将来的に評価が上昇する可能性もあります。

40点未満

監査契約の見直しの検討が必要かもしれません。

会社の決算に支障が生じる可能性もあるため，他の監査法人に当たってみるのも一法です。

なお，上記の評価項目や配点，評価基準は，一般的に考えられるであろう事項を踏まえて作成したものです。会社の状況によって，評価項目や配点も変わってくるかと思いますので，自社なりの通信簿を作成してみてはいかがでしょうか。

〈著者紹介〉

日野原　克巳〈ひのはら　かつみ〉

公認会計士

1980（昭和55）年，開成高校卒業。
1985（昭和60）年，慶應義塾大学商学部卒業。
1989（平成元）年，英和監査法人（現・有限責任 あずさ監査法人）入社後，パートナー登用。
2015（平成27）年，株式会社レオパレス21入社，財務経理部に配属，現在に至る。

主な公的委員として，元独立行政法人 中小企業基盤整備機構 投資評価委員，元日本公認会計士協会北海道会副会長など。

主な執筆活動（著作に参加を含む）として『経営危機時の会計処理』（中央経済社），『（図解　経理人材育成講座）ここは外さない!! 有価証券報告書作成・チェックの勘所』（IKOMAクリエイト），『Q&A ストック・オプション会計の実務ガイド』（中央経済社），『Q&A 新興企業の内部統制実務』（中央経済社），『株式上場の実務Q&A』（第一法規）など。

執筆補助者

株式会社レオパレス21財務経理部

宇佐美　征哉，大瀧　雅哉，加藤　友里

ストーリー＆ケーススタディ
監査法人との付き合い方がわかる本

2023年5月15日　第1版第1刷発行

著者　日野原　克巳
発行者　山本　継
発行所　㈱中央経済社
発売元　㈱中央経済グループパブリッシング
〒101-0051　東京都千代田区神田神保町1-35
電話　03（3293）3371（編集代表）
03（3293）3381（営業代表）
https://www.chuokeizai.co.jp
印刷／三英印刷㈱
製本／㈲井上製本所

＊頁の「欠落」や「順序違い」などがありましたらお取り替えいたしますので発売元までご送付ください。（送料小社負担）

ISBN978-4-502-46271-9　C3034